Esbozo de una nueva estética de la música

Ferruccio Busoni
Esbozo de una nueva estética de la música

Adolfo Salazar
La estética de Ferruccio Busoni. La Ur-Musik

Arnold Schönberg
Notas a la edición alemana de 1916

Hans-Heinz Stuckenschmidt
Epílogo a la edición alemana de 1974

Introducción de José María García Laborda
Traducción del alemán de Miguel Ángel Albi Aparicio

GEGNER

Consejo Editorial
Director: Juan José Gómez Gutiérrez
Robin Adèle Greeley, University of Connecticut
Teresa Cascudo García-Villaraco, Universidad de La Rioja
Miguel Ángel Albi Aparicio, Universidad Pablo de Olavide
Guido Ferilli, Università IULM

1ª edición *Entwurf einer neuen Ästhetik der Tonkunst*, 1907
Tradución basada en la 2ª edición alemana,
Editorial Insel, Leipzig, 1916
Edita: Gegner Libros
Camino Fuente del Rey, 1. 21200 Aracena
www.gegnerlibros.com
info@gegnerlibros.com
ISBN: 978-84-96875-24-1
Depósito legal: H 199-2013

ÍNDICE

Introducción
José María García Laborda........................ I
Esbozo de una nueva estética de la música
Ferruccio Busoni.............................. 1
La estética de Ferruccio Busoni. La «Ur-Musik»
Adolfo Salazar............................... 49
Notas a la edición alemana de 1916
Arnold Schönberg............................. 59
Epílogo a la edición alemana de 1974
Hans-Heinz Stuckenschmidt..................... 77

Introducción
José María García Laborda

La publicación en castellano del célebre opúsculo de Ferruccio Busoni (1866-1924) *Esbozo de una nueva estética de la música* (1907) marca un hecho importante en el campo de la historiografía musical del siglo XX en nuestro país. Para los que no disponían del texto original alemán o de traducciones de la obra (en inglés ya apareció la primera en 1911), este librito sólo era conocido a través de referencias, citas y fragmentos publicados por otros críticos, musicólogos y compositores en distintos textos y manuales de Historia de la Música. La primera publicación de la obra en España por la editorial Doble J de Sevilla (¡a poco más de un siglo de distancia de la edición original!) abre ahora a todos los lectores interesados la posibilidad de adentrarse en uno de los documentos más interesantes de las primeras vanguardias, de comienzos del siglo XX, convertido ya un clásico de la estética musical.

La importancia del *Esbozo de una nueva estética de la música* ha sido subrayada en diversas ocasiones y de ello dan fe las notas y textos de Arnold Schönberg, Hans-Heinz Stuckenschmidt y Adolfo Salazar que acompañan a la presente edición. Además las numerosas referencias y comentarios que se encuentran en Internet sobre el texto y las últimas publicaciones de la musicóloga alemana Martina Weindel, especialista en los escritos teóricos de Busoni, muestran la creciente importancia que se está dando hoy a este librito, lo cual nos exime por el momento de una valoración más profunda del mismo. Solamente queremos acentuar aquí la importancia que tuvo en la gestación y propagación de los procedimientos y perspectivas compositivas previstas por su autor y puestas en práctica a partir de los años veinte, así como el lugar que este ocupa en el pensamiento estético de Busoni.

El *Esbozo de una nueva estética de la música* apareció en un momento de gran efervescencia cultural en Berlin, ciudad en la que Busoni residía desde 1894 y en la que comenzaban a fraguarse los principales cambios que se avecinaban en el lenguaje musical europeo, protagonizados por compositores como Schönberg (que comienza su correspondencia epistolar con Busoni en 1903), Béla Bartók o Igor Stravinsky. La adopción definitiva de la atonalidad por parte de la Escuela de Viena a partir de 1908, a pocos años de la publicación del *Esbozo*, constituyó uno de los principales signos de este cambio, que tiene su reflejo también en la obra para piano del propio

Busoni *Sonatina Seconda* de 1912, la cual muestra fuertes disonancias y aspectos bitonales, con ausencia de una armadura determinada de tonalidad.

En su *Tratado de Armonía* (aparecido en 1911, y en su tercera edición en 1922) Schönberg ya se hace eco de algunas propuestas de Busoni, «este noble y animoso artista, a quien admiro y valoro profundamente». Aunque no comparte el número de escalas que propone (las 113 presentadas en este libro), sus reflexiones servirían para llamar la atención de los críticos hacia el *Esbozo* y dar pábulo a las nuevas sugerencias de su autor.

Curiosamente, a un año de distancia del *Tratado* de Schönberg, el futurista ruso Nikolaj Kulbin escribe en el almanaque muniqués *Der Blaue Reiter* (El jinete azul) de 1912, un manifiesto con el nombre *Die freie Musik* (La música libre), en el que también aboga por una música de cuartos y octavos de tono, sin que tengamos constancia de que conociera el escrito de Busoni:

«Un gran avance en la música es posible cuando el artista no está atado en absoluto a unas notas, sino que puede utilizar intervalos cualesquiera como por ejemplo de 1/3 o incluso de 1/13 de tono, etc...[...] Muchos están equivocados si piensan que incluso los cuartos de tono son difícilmente distinguibles. La experiencia demuestra que todos los oyentes distinguen fácilmente los cuartos de tono. Los octavos de tono no los distinguen todos los oyentes».

Pero es en la década de los años veinte cuando las visiones y profecías de Busoni comienzan a hacerse realidad (incluso en espacios alejados de la vanguardia musical europea, como manifiesta la pieza microtonal de 1922 *Preludio a Colón*, del compositor mejicano Julián Carrillo o, *Three Quarter-Tone-Impressions* de Charles Ives, para un piano de cuartos de tono, de 1923).

Por otra parte, el innovador *Esbozo* de Busoni también fue curiosamente dado a conocer a través del reaccionario panfleto del compositor Hans Pfitzner *Futuristengefahr* (el peligro de los futuristas, 1917), tal como comenta Stuckenschmiedt en el escrito que aquí se reproduce. Gracias a Pfitzner, Busoni adquirió ante las jóvenes generaciones un halo de héroe vanguardista, defensor de las posturas más avanzadas, frente al conservadurismo nacionalista del primero y sus seguidores, que veían el experimentalismo un gran peligro para el futuro de la música. Schönberg también poseía un ejemplar de *Futuristengefahr* de Pfiztner con diversas anotaciones e intervino en la polémica con un pequeño artículo titulado *Falscher Alarm* (Falsa alarma), que, como indica Stuckenschmidt, permaneció incompleto, debido al cariz virulento que iban tomando sus propias consideraciones.

El año 1920, cuando Busoni fue llamado a ocupar la clase magistral de composición en la Academia de las Artes de Berlín (cargo que luego ocuparía el propio Schönberg), marca precisamente el inicio de la puesta en práctica de sus especulaciones teóricas. A partir de entonces las jóvenes

Introducción

generaciones de compositores comienzan a emplear sus propuestas visionarias, haciendo viable el nuevo material musical: la diferenciación microtonal del sistema sonoro y la renovación del instrumentario musical, para conseguir la unidad de teoría, composición y construcción instrumental propuesta por Busoni. No por casualidad en el mismo 1920 se establece en Berlín Alois Haba, el discípulo de Schreker, convirtiendo a la ciudad en un centro de experimentación de la vanguardia y reuniendo en torno a sí a un grupo de jóvenes estudiosos y compositores, por ejemplo el teórico y compositor del ultracromatismo Iwan Wyschnegradsky, y los constructores de instrumentos Willi Möllendorff y Jörg Mager, que trabajan en estos años en el piano de cuartos de tono. Todos tienen a Busoni como mentor y referencia, quien además influirá en el círculo de jóvenes compositores que aglutina por entonces a Kurt Weill, Philip Jarnach, Otto Luening, Wladimir Vogel y Edgar Varèse entre otros, y a grandes pianistas como Egon Petri, colaborador entusiasta de Busoni en muchas tareas editorialistas (y quien, por cierto, presentó en Madrid en 1931 al público de la Sociedad Filarmónica algunas de sus obras).

A comienzos de los años veinte se inicia, pues, una fase de fuerte experimentación técnica que culmina en el dodecafonismo de Schönberg (una respuesta más al deseo de Busoni de integrar a los doce sonidos en un nuevo sistema de escalas), las experimentaciones microtonales de Haba o las nuevas propuestas sonoras de Varèse, que inician el camino de la experimentación electroacústica.

Varèse se trasladó a Berlin en 1907, entusiasmado por el *Esbozo de una nueva estética de la música*, para establecer contacto personal con Busoni y permaneció en la capital alemana hasta 1913. Muy pronto comenzaría a aplicar en sus obras el nuevo concepto de sonoridad que Busoni proponía. Entre 1918 y 1921 compone *Amériques*, que anuncia el nuevo camino que después recorrerá en Estados Unidos. Las sirenas acústicas y el enorme instrumental de percusión empleados en esta obra muestran ya un sonido continuado sin graduación interválica fija, superando los límites de las escalas concretas y fijando definitivamente la autonomía de los sonidos no temperados y la nueva integración del ruido en el espacio sonoro.

Por otra parte, aunque Stravinsky, que tuvo un único encuentro con Busoni en Weimar en 1923, se mostró indiferente y poco atraído por las consideraciones microtonales e instrumentales de Busoni, sí se acercó con interés a otra de las propuestas fundamentales de su teoría estética: el de la llamada *junge Klassizität* (Joven Clasicidad), ideal de serena belleza musical que Busoni había propuesto en 1920 en una carta al crítico Paul Bekker con motivo de su polémica con el conservador Pfitzner, plasmada un artículo contra este último titulado *Impotenz oder Potenz* (Impotencia o potencia). La idea de retorno al ideal clásico, como se expresa en Bach y Mozart, iba más en consonancia con las intenciones de Stravinsky por esta época, que buscaba, como tantos otros, una salida a la atonalidad expresionista de los vieneses sin tener que embarcarse en experimentos microtonales o electrónicos. De modo más positivo reaccionó Bartók a las consideraciones de Busoni. En 1922 escribió un artículo titulado *Das Problem der neuen Musik* (El problema de la Nueva Música), en el que muestra su interés por las propuestas del autor del *Esbozo*, aunque todavía las considere «música celestial», por decirlo de alguna manera, y abogue por agotar las posibilidades de un sistema en el que él mismo había desarrollado su lenguaje musical:

«El pensamiento musical se ha movido [...] desde hace siglos sobre suelo diatónico, hasta que últimamente, después del proceso descrito, se ha despertado el sentido musical hacia un tratamiento equiparable de los doce semitonos iguales. Este nuevo procedimiento encierra posibilidades extraordinarias, de tal modo que el deseo de Busoni de un sistema de escalas con tercios y cuartos de tonos parece todavía precipitado. (Las obras de Schönberg y Stravinsky surgidas después de la aparición de su *Entwurf einer neuen Ästhetik* demuestran que el sistema de tonos y semitonos no ha dicho su última palabra [...]. El tiempo de la subdivisión del medio tono (quizás hasta el infinito) ha de venir necesariamente, aunque no en nuestros días, sino en decenios o siglos. Sin embargo tendrá que vencer dificultades técnicas tremendas, prescindiendo de las dificultades de entonación en la voz humana

[...]; esta circunstancia alargará con toda probabilidad la vida del sistema de semitonos más de los artísticamente necesario».

El propio Bartók ya empleó cuartos de tono en su obra de 1918 *El Mandarín Maravilloso*, y de forma más sistemática en su *Sonata* para violín solo, de 1944. Aunque su muerte un año más tarde le impidió conocer las nuevas perspectivas que se fraguaban por entonces y desembocarían a los pocos años en la música electroacústica, la cual haría posibles las visiones de Busoni sobre la música microtonal y los nuevos sistemas de instrumentos sonoros a los que alude en este librito al hablar del Dynamophon de Thadeus Cahill.

En España, el *Esbozo de una nueva estética de la música* se dio a conocer en los años veinte gracias a los dos artículos de Adolfo Salazar en el diario *El Sol* en 1924, publicados con motivo de la muerte de Busoni y refiriéndose a su actividad compositiva («Ferruccio Busoni, Intérprete, Creador y Maestro», *El Sol*, 06-09-1924) y a su estética musical tal como se plasma en el *Esbozo* («La estética de Ferruccio Busoni. La «Ur-Musik», *El Sol*, 26-09-1024).

Aparte de Salazar, muy pocos debían conocer en la España de estos años el *Esbozo* de Busoni, como comenta el crítico madrileño en su primer artículo de 1924: «De todos modos, pocos serán, creo yo, quienes en España hayan conocido a Busoni otra actividad distinta de la de su virtuosismo pianístico o la de arreglador de obras antiguas

Introducción

para el piano moderno». Salazar habla en el mismo texto de su experiencia personal con Busoni, con motivo de una breve estancia en Berlín en 1922, sobre todo de sus clases de composición y del análisis de obras presentadas por sus alumnos. De este encuentro tratará también más tarde en su libro *La música actual en Europa y sus problemas* (Madrid, 1935), con motivo del intento de algunos compositores jóvenes de crear en Europa una Sociedad Internacional de Música inspirada en el modelo de la Sociedad Nacional de Música de Madrid, activa entre 1915 y 1922:

«Cuando yo llegué a Viena, en la primavera de 1922, me encontré con unos cuantos jóvenes que querían fundar una nueva Sociedad Internacional, dedicada especialmente a la música contemporánea [...]. Al llegar a Berlín, meses más tarde, me encontré con que Busoni había recogido entusiastamente la idea».

Salazar resume en su ensayo algunas de las ideas fundamentales de Busoni, aunque también señala la única con la que no está de acuerdo:

«La idea madre de la estética de Busoni, es bastante sencilla y se ha repetido muchas veces: «Todas las artes —dice— todos sus recursos y formas, apuntan siempre a un mismo y único objetivo: la imitación de la naturaleza y la interpretación de los sentimientos humanos». Busoni no estuvo extraordinariamente feliz al repetir ese lugar común de la estética burguesa. Pero, salvo ese primer comentario, que visa a la totalidad de la doctrina, no he de discutir el articulado. Me limito, pues, a resumir del modo que creo más fiel».

En cuanto al lugar que ocupa el *Esbozo* en el pensamiento estético de Busoni, en él se plasman dos de las tres teorías estéticas fundamentales planteadas por el autor: el empleo de tercios y sextos de tono, y la transformación de la ópera desde el reconocimiento de la esencia de la música. La tercera teoría, la noción de *Junge Klasizzität*, apareció, como hemos mencionado, en 1920 y fue recogida más tarde en un volumen recopilatorio aparecido en Berlín en 1922 con el título: *Von der Einheit der Musik* (Sobre la unidad de la música). En el que Busoni enumera los tres componentes de aquello que entendía por «Joven Clasicidad», en el contexto del neoclasicismo de Entreguerras:

1. La «unidad» del lenguaje musical, que en lugar de dividirse en distintos géneros tenga en cuenta la fuerza de la expresión: «Con ello quiero decir que la música en sí misma y de por sí, no es otra cosa que música y que no debe fragmentarse en distintos géneros [...]. Por ello no se debería hablar de «Música-instrumental», ni del «autentico sinfónico».

2. La nueva valoración de la melodía, que va a tomar el lugar que antes ocupaba el trabajo motívico-temático: «A la Joven Clasicidad pertenece el abandono

definitivo de lo temático, para volver a retomar la melodía –no en el sentido de un motivo agradable en la mejor posición de un instrumento– sino de la melodía como dominadora de todas las voces, de todas las modulaciones, como portadora de la Idea y origen de la armonía, es decir: de la más alta (y no compleja) polifonía».

3. La creación de una música «objetiva» y absoluta, que persiga únicamente la reconquista de la «serenitas»: «el abandono de los «sensual» y la renuncia del subjetivismo (el camino a la objetividad –la distancia del autor respecto de su obra– un camino limpio, una marcha dura, una prueba de agua y fuego, la reconquista de la «serenitas»): no la comisura de labios de Beethoven, ni tampoco «la risa liberadora» de Zarathustra, sino la sonrisa del sabio, de la divinidad –Y música absoluta. Nada de sentido profundo, reflexión y metafísica; sino solamente música». El modelo compositivo y la imagen perfecta de este ideario estético era la música de Mozart. Todos estos elementos se contenían ya en germen en el *Esbozo*.

La historia de la publicación del *Esbozo de una nueva estética de la música* y sus sucesivas ediciones merece un pequeño comentario aparte. La primera edición apareció en 1907 en la editorial Schmidl de Trieste con escasa difusión, encontrando sólo eco entre los amigos y admiradores del artista, Schönberg entre ellos, quien recibió un ejemplar con la siguiente dedicatoria manuscrita: «*Dem Componisten Arnold Schönberg zur Verständigung F. Busoni*» (Al compositor Arnold Schönberg, por un entendimiento. F. Busoni). En 1910 la prestigiosa editorial Insel de Leipzig adquirió los derechos de edición y publicó una versión ampliada con numerosas notas al margen del propio Busoni. La difusión y más amplio conocimiento del librito tuvo lugar, sin embargo, en 1914 a raíz del encuentro del autor con el poeta Rainer Maria Rilke (principal autor de Insel, junto a Goethe), quien había recomendado su reedición a la editorial. Así apareció en la colección Insel-Bücherei (Biblioteca Insel, precedente de la actual biblioteca de bolsillo) con el número 65 y a un precio de 50 *Pfennige*. La segunda edición de Leipzig data de 1916, y está dedicada a Rilke: *Dem Musiker in Worten* (Al músico en palabras) y fue la que poseía Schönberg y sobre la que realizó las anotaciones al margen publicadas aquí. Esta segunda edición también sirvió de base a la de 1974 con las notas de Schönberg y el epílogo de Stuckenschmidt, que se ha utilizado para la traducción al español y que ya apareció con el sello de Suhkamp, la editorial de Francfort del Meno con la que Insel se fusionó en 1960. Por entonces se conmemoraban los cincuenta años de la muerte de Busoni (muerto en 1924) y los cien años del nacimiento de Schönberg (nacido en 1874).

Las observaciones y notas de Schönberg, siempre tan agudas e interesantes, junto al epílogo del gran historiador y crítico Hans-Heinz Stuckenschmidt sirven de utilísimo

Introducción

comentario y complemento al este librito. Además la presente edición incluye «La estética de Ferruccio Busoni. La «Ur-Musik» de Salazar.

Solo nos resta felicitar a la editorial Doble J de Sevilla por la feliz idea de dar a conocer al público español el *Esbozo de una nueva estética de la música* a través de la esmerada traducción del profesor Miguel Á. Albi y con los interesantes textos que la acompañan. Con ello se ha rescatado una obra clásica de estética musical para los lectores de habla castellana.

Nota del traductor: para esta edición se ha tenido en cuenta una traducción anterior escasamente difundida y ya agotada de *Entwurf einer neuen Ästhetik der Tonkunst,* publicada en el volumen editado y traducido por el músico Jorge Velazco: Ferrucio Busoni, *Pensamiento musical,* UNAM, Ciudad de Méjico, 1975 (2ª edición revisada 2004).

Nota del editor: Las notas al pie que aparecen en el texto son las originales de Busoni. Las notas al final, que aparecen señaladas con números romanos, corresponden a las anotaciones de Arnold Schönberg.

Ferruccio Busoni
Esbozo de una nueva estética de la música

Al músico de la palabra Rainer Maria Rilke, con
admiración y amistad

«¿Qué buscáis? ¡Decídlo! ¿Y qué esperáis?»
«No lo sé;
¡quiero lo desconocido!
Lo que conozco es ilimitado.
Quiero más que eso.
Me falta la última palabra.»
El mago poderoso

Sentí... que no iba a escribir un libro inglés ni latino: y ello por un motivo... precisamente porque la lengua que me fue dada no sólo para escribir, sino también para pensar, no es la latina ni la inglesa, ni la italiana ni la española, sino una lengua de la que ni una sola de sus palabras me resulta conocida, una lengua en la que las cosas mudas me hablan y en la que quizás un día tendré que rendir cuentas en la tumba ante un juez desconocido.
Hugo von Hoffmansthal, *Una carta*.

Enlazadas de manera muy libre en lo que se refiere al estilo literario, estas notas son en realidad el resultado de convicciones maduradas lentamente durante mucho tiempo.

En ellas se trata un problema mayúsculo con aparente imparcialidad, sin ofrecer la clave para su solución definitiva; ya que este problema no se puede solucionar en el transcurso de una generación, si es que acaso se puede.

Pero incluye en sí mismo una serie incontable de problemas menores hacia los que quiero dirigir la reflexión de quien le interese; porque hace mucho que nadie se dedica seriamente a la investigación musical.

Evidentemente en cada época surge algo genial y digno de admiración, y yo siempre me he colocado en primera fila para saludar a sus abanderados al pasar; aunque creo que los caminos andados hasta ahora llevan a bellos lugares lejanos, pero no hacia lo alto.

El espíritu de una obra de arte, la medida de la sensibilidad, lo humano (que siempre está presente en ella), el valor de todos estos elementos permanece invariable a través de los tiempos cambiantes; pero la forma que tomaron, los medios empleados para expresarlos, y el gusto estético con que lo impregnó la época son pasajeros y envejecen rápidamente.

El espíritu y la sensibilidad conservan su naturaleza, tanto en las obras de arte como en los hombres; pero los logros técnicos, reconocidos y admirados con la mayor complacencia, terminan por ser superados, o el gusto, saturado, les da la espalda.

Las cualidades efímeras constituyen lo «moderno» de una obra de arte; las cualidades invariables la preservan de convertirse en algo «pasado de moda». Tanto en los «tiempos modernos» como en la «antigüedad» hay cosas buenas y cosas malas, auténticas o falsas. Lo absolutamente moderno no existe, sólo algo que ha surgido antes o después; que florece durante más tiempo o se marchita más rápidamente. Siempre ha existido lo moderno y lo antiguo.

Las formas de arte duran más cuanto más próximas se encuentren a la esencia de cada género artístico, cuanto más puras se mantengan en sus medios y objetivos específicos. La escultura renuncia a la expresión de la pupila humana y a los colores; la pintura se degrada cuando abandona la superficie plana y se complica en decorados teatrales o imágenes panorámicas.

La arquitectura tiene su forma básica, que debe ir poco a poco, de abajo arriba, prescrita por la necesidad estática; las ventanas y el tejado determinan necesariamente la estructura de la parte media y final. Estos requisitos son permanentes e inquebrantables.

La poesía domina el pensamiento abstracto, al que viste con palabras; aventaja a las demás artes en que alcanza los límites más lejanos y mantiene una mayor independencia:
 pero las artes, medios y formas en conjunto tienen siempre la misma meta: la representación de la naturaleza y la expresión de la sensibilidad humana.

La arquitectura, la poesía y la pintura son artes viejas y maduras; sus términos ya están establecidos y sus objetivos fijados; han encontrado su camino a través de los milenios y describen su órbita de forma regular, como un planeta.[1]

---

1 A pesar de ello, el gusto y lo peculiar de estas artes pueden rejuvenecer y renovarse constantemente, y de hecho lo hacen.

Comparada con ellas, la música es la niña que ya ha aprendido a andar, pero aún tiene que ser guiada. Es un arte virginal, que todavía no ha vivido ni sufrido nada.

Todavía no es ella misma consciente de lo que la arropa, de las ventajas que atesora, y de sus capacidades ocultas. Por otro lado es una niña prodigio, que ya puede ofrecer muchas cosas bellas, que puede complacer a muchos, y cuyo don se considera generalmente maduro del todo.

La música como arte, la llamada música occidental tiene apenas 400 años de antigüedad. Vive en estado de desarrollo; quizás en el primer estadio de un desarrollo aún imprevisible, ¡y nosotros hablando de Clásicos y de tradiciones sagradas![2] Cherubini ya hablaba de «los antiguos» en su manual de contrapunto.

Hemos formulado reglas, establecido principios, prescrito leyes, etc. ¡Hemos aplicado las leyes de los adultos a una niña que aún no conoce la responsabilidad!

Aun siendo tan joven como es, a esta niña ya se le puede reconocer una cualidad brillante que la distingue de sus compañeras más mayores. Se trata de una maravillosa cualidad que los legisladores no quieren ver porque, si lo hicieran, habrían de arrojar sus leyes por la borda. La niña ¡flota! No toca el suelo con los pies. No está sometida a la gravedad. Es casi incorpórea. Su materia es transparente. Es aire que vibra. Es casi naturaleza misma. Es libre.

---

2 La «tradición» es la máscara de yeso que se quita después de la vida, la cual, al transcurrir muchos años y pasar por las manos de incontables artesanos, al final sólo deja suponer su parecido con el original.

Pero la libertad es algo que los hombres todavía no han llegado a comprender ni a sentir del todo. No pueden entenderla ni reconocerla.

Niegan el destino de esta niña y la encadenan. El ente flotante tiene que andar de forma conveniente, tiene, como todos, que someterse a las reglas del decoro. Apenas puede dar saltitos; pero querría seguir la línea del arcoiris y romper con las nubes los rayos de sol.

Libre nació la música y ser libre es su destino.[I] Se convertirá en el más perfecto reflejo de la naturaleza gracias a su inmaterialidad independiente. Incluso la poesía va por detrás de ella en su incorporeidad.[II] Puede concentrarse o fluir en todas direcciones, ser la calma más inmóvil o la tempestad más intensa. Llega a las cotas más altas que el ser humano es capaz de percibir, ¿qué otro arte tiene esto?, y produce un efecto de tal intensidad en el corazón humano que no se puede asociar a ningún «término». Allí donde el pintor o el escultor sólo puede representar un fragmento o un momento, una «situación», y el poeta transmite con esfuerzo un temperamento o sus emociones mediante palabras engarzadas, la música reproduce el temperamento sin describirlo, con la agilidad del alma, con la vivacidad del acontecer.

Por eso la representación y la descripción no son la esencia de la música. De modo que proclamamos el rechazo a la Música Programática y así llegamos a la cuestión de los objetivos de la música.

¡Música absoluta! Lo que quieren decir con eso los legisladores es quizás la antípoda de lo absoluto en la música. «música Absoluta» es un juego formal sin programa poético, en el que la forma representa el papel principal. [III] Pero precisamente la forma es lo contrario de la música absoluta, que recibió el don divino de flotar y ser independiente de las condiciones de la materia. En un cuadro, la representación de una puesta de sol termina en el marco; el fenómeno natural sin límites se ve delimitado por cuatro esquinas; el dibujo de una nube que se eligió una vez permanece ahí inalterable para siempre. La música se puede aclarar, oscurecer, desplazar y finalmente extinguirse como el mismo fenómeno en el cielo, y el instinto es lo que mueve al músico creador a emplear aquellos tonos que tocan la misma tecla y despiertan el mismo eco que los procesos de la naturaleza en el interior de las personas.

La música absoluta, por el contrario, es algo muy sobrio, que evoca atriles colocados en orden, a la relación entre tónica y dominante, a desarrollos y codas.

Entonces escucho al segundo violín esforzarse denodadamente en bajar una cuarta para imitar al más hábil primer violín, escucho como se libra una batalla inútil para llegar donde ya se estaba al principio. Esa música se debería llamar, con mucho más motivo, arquitectónica, o simétrica, o parcelada.[IV] Se debe a la forma concreta que unos compositores dieron a su espíritu y sentimiento, que era la que les resultaba más próxima a ellos o a su época. Los legisladores han identificado el espíritu, la sensibilidad y la individualidad de aquellos compositores y de su tiempo con la música simétrica y, finalmente, como no pueden hacer renacer ni el espíritu, ni el sentimiento, ni la época, han mantenido la forma como símbolo y la han elevado a emblema y dogma de fe.[v] Los compositores buscaron y encontraron esta forma, que era el medio más adecuado para transmitir sus pensamientos. Ellos desaparecieron, y los legisladores descubren y custodian las vestimentas que quedaron en la tierra de Euforión:

¡Felizmente aún se puede hallar!
La llama sin embargo ha desaparecido,
Pero no lo siento por el mundo.
Aquí queda lo suficiente para iniciar a los poetas,
Y para causar envidias entre los artesanos por sus obras y el oro;
Y yo, ya que no puedo conceder el talento,
Al menos escondí la ropa.

¿No es habitual que se le exija al compositor originalidad en todo y sin embargo se le prohíba en la forma? A nadie le sorprende que se le acuse de falta de forma cuando es realmente original. ¡Mozart! El buscador y descubridor, el gran hombre con corazón de niño, lo admiramos, le somos fieles; pero no a sus tónicas y dominantes, ni a sus desarrollos y codas.

Este ansia de liberación fue la que impregnó a Beethoven, el revolucionario romántico, que ascendió un pequeño peldaño en la vuelta de la música a su más alta naturaleza; un pequeño paso en la gran tarea, un gran paso en su propio camino. No llegó a alcanzar la música absoluta, plena; pero sí la intuyó en algunos momentos, como en la introducción a la fuga de la *Sonata para piano nº 29*. Los compositores se han acercado a la verdadera naturaleza de la música sobre todo en los movimientos preparatorios e intermedios (preludios y transiciones), cuando pensaban que podían prescindir de las proporciones simétricas e, inconscientemente, parecían respirar con libertad. Incluso Schumann, mucho menos grande que Beethoven, alcanza en esos pasajes algo de lo ilimitado de este pan-arte (pensemos en la transición a los últimos movimientos de la *Sinfonía nº 4 en re menor*), y lo mismo se puede decir de Brahms y la introducción al final de su *Primera sinfonía*.[VI]

Pero en el momento en que traspasan el umbral del movimiento principal, su postura se vuelve rígida y convencional como la de quien entra en un despacho.

Además de Beethoven, Bach es el que está más próximo a la «Música Original». Sus fantasías para órgano (y no las fugas) contienen sin duda fuertes rasgos paisajísticos (lo opuesto a lo arquitectónico), de inspiración, que se podrían titular «ser humano y naturaleza».[3] Estos toman forma en él del modo más natural, porque superó a sus antecesores (pero también los admiraba e incluso los utilizaba) y porque el descubrimiento, todavía reciente, del estado de ánimo temperado le permitió abrirse a un sinfín de nuevas posibilidades.

---

3 En los recitativos de sus *Pasiones* no se encuentra «lo correctamente declamado» sino «lo que habla el humano».

Por eso hay que tomar a Bach y Beethoven⁴ como un principio, y no como algo cerrado e insuperable. Insuperables permanecerán probablemente sus espíritus y su sensibilidad; y esto confirma por otra parte lo que se dijo al principio de estas líneas, es decir, que la sensibilidad y el espíritu no pierden su valor con el paso del tiempo, y quien asciende a sus cimas más altas siempre sobresaldrá entre la multitud.

Lo que aún tiene que ser superado es su forma de expresión y su libertad. Wagner, un gigante germánico que rozó el horizonte terrenal en el sonido orquestal, que perfeccionó la forma de expresión, pero la integró en un sistema (drama musical, declamación, *Leitmotiv*), no pudo continuar desarrollándola por culpa de los límites que él mismo creó.^{VII} Wagner pertenece a una categoría que comienza y termina con él mismo; primero porque llevó la forma de expresión a la perfección más alta, a la redondez; después porque la tarea que se impuso a sí mismo era de tal magnitud que sólo había una persona capaz de llevarla a cabo. «Nos proporciona a la vez el problema y su solución», como dije una vez de Mozart. Los caminos abiertos por Beethoven sólo pueden ser recorridos por generaciones. Parecen formar sólo un círculo, como la tierra, de unas

---

4 Quiero enumerar como rasgos característicos de la personalidad de Beethoven el impulso poético, la fuerte sensibilidad humana (de la cual proviene su revolucionaria manera de pensar) y la anunciación de la inquietud moderna. Estos son rasgos indudablemente opuestos a los de un «clásico». Además Beethoven no es un maestro en el sentido de Mozart o el Bach tardío, precisamente porque su arte es indicio de algo más grande, de algo todavía incompleto (comparar el próximo párrafo).

dimensiones tales que la parte que vemos de él nos parece una línea recta. El círculo de Wagner lo podemos abarcar completamente con la vista. Es un círculo dentro del gran círculo.

El nombre de Wagner trae de vuelta a la música programática. Esta se ha configurado como lo contrario de la llamada música «absoluta», y los términos se han definido tan claramente, que hasta los entendidos se adhieren a una u otra forma de pensar sin aceptar una tercera posibilidad distinta y por encima de estas dos. En realidad la música programática es tan incompleta y limitada como la que se presenta como música absoluta, ensalzada por Hanslick, que no es más que una repetición de esquemas ornamentales de sonido. En lugar de fórmulas arquitectónicas y simétricas, en lugar de las relaciones entre tónicas y dominantes, se ha entablillado el necesario programa poético y, a veces, incluso el filosófico.

Cada motivo –así me parece a mí– contiene su brote en sí mismo, como una semilla. Distintas semillas hacen brotar distintos tipos de plantas, que se diferencian entre sí por la forma, las hojas, las flores, las frutas, el crecimiento y el color.[5]

Incluso cada ejemplar de una misma especie vegetal crece independientemente en lo que se refiere a su

---

5 «Beethoven, dont les esquisses thématiques ou élémentaires sont innombrables, mais qui, sitôt les thèmes trouvés, semble par cela même en avoir établi tout le développement» (Beethoven, cuyos bocetos temáticos o elementales son innumerables, pero que, tan pronto encuentra los temas, parece por eso que incluso ha establecido todo el desarrollo). Vincent d'Indy en *César Franck*.

tamaño, forma y fuerza. Igualmente cada motivo lleva predeterminado cómo será su forma del todo madurada; cada uno de ellos tiene que desarrollarse de manera distinta, pero en el proceso todos siguen la necesidad de la armonía eterna.[VIII] Esta forma permanece intacta, pero nunca igual (a sí misma).

El motivo de la obra de música programática contiene en sí mismo estas condiciones; pero tiene que formarse, o mejor dicho, «deformarse», desde su fase inicial de desarrollo, no según sus propias leyes, sino las del «programa». De este modo, ya apartado del camino de las leyes de la naturaleza desde el principio de su formación, llega por fin a una cumbre del todo inesperada, a la cual ha conducido premeditadamente, no su constitución, sino el programa, la acción, la idea filosófica.[IX]

¡Qué arte limitado y primitivo! Seguro que hay expresiones que no se pueden interpretar ambiguamente, que dibujan el tono (han dado lugar a toda la regla), pero estos medios expresivos son pocos y escasos, y constituyen una mínima parte de la música. El más perceptible de todos es rebajar el sonido a ruido para imitar los sonidos naturales: el resonar del trueno, el susurro de los árboles y los sonidos de animales. Menos perceptibles, simbólicos, son aquellas imitaciones tomadas del sentido de la vista, como la luz de los relámpagos, los saltos, el vuelo de las aves; sólo comprensibles aplicando la inteligencia reflexiva: La trompeta como símbolo bélico, la dulzaina como marca rural, el ritmo de marcha significando el caminar y el coral como portador de sentimiento religioso.[X] Si además añadimos a esto las características nacionales, como instrumentos y maneras nacionales, habremos ya examinado exhaustivamente el arsenal de la música programática. Movimiento y quietud, mayor y menor, alto y bajo[6] en su significado convencional complementan el inventario. Son recursos bien aprovechables en sentido amplio; pero en sí mismos tienen tan poco de música como las figuras de cera de monumentos.

Y al fin y al cabo ¿qué pueden tener en común la representación de un pequeño proceso en el mundo, el relato sobre un vecino molesto (no importa que sea en la estancia o en la parte del mundo colindante) con esa música que recorre el universo?

En efecto, a la música se le ha otorgado el don de recrear estados de ánimo humanos: miedo (Leporello), angustia, fuerza, fatiga (los últimos cuartetos de Beethoven), determinación (Wotan), duda, derrumbamiento, aliento, dureza, ternura, agitación, tranquilidad, sorpresa, esperanza, y más; así como el eco interior de los acontecimientos externos, que está contenido en esos estados de ánimo.[XI] Pero no el motivo de esas emociones mismas: no la alegría por un peligro esquivado, no el peligro o el tipo de peligro que provoca el miedo; sí un estado pasional, pero a su vez, no el género, la categoría psíquica de esa pasión, ya sea envidia o celos. Igualmente inútil es querer transformar en sonidos cualidades morales como la vanidad o la sensatez, o incluso querer

---

6 Comparar más adelante las oraciones sobre la «profundidad».

expresar términos abstractos a través de ellos, como la verdad o la justicia.[XII] ¿Se podría pensar en cómo describir con música a un hombre pobre pero satisfecho? La satisfacción, la parte psíquica, se puede convertir en música; ¿pero qué pasa con la pobreza, que es el problema ético que importa aquí?: en efecto, pobre y sin embargo satisfecho. Ello se debe a que «pobre» es una forma de estado terrenal y social, que no se encuentra en la armonía eterna. La música es, en cambio, una parte del universo que suena.

La mayor parte de la nueva música de teatro cae en el error de querer reproducir los acontecimientos que tienen lugar sobre el escenario, en lugar de cumplir la misión de sustentar el estado de ánimo de los actores mientras suceden dichos acontecimientos.[XIII] Cuando se simula la ilusión de una tormenta en el escenario, el ojo percibe exhaustivamente dicho suceso. Sin embargo casi todos los compositores se esfuerzan en describir la tormenta con sonidos, lo cual supone no solo una repetición innecesaria y (más) difusa, sino al mismo tiempo una omisión de su deber. El personaje sobre el escenario se verá influido anímicamente por la tormenta, o bien su ánimo permanecerá imperturbable a consecuencia de otros pensamientos que lo mantienen más ocupado. La tormenta se ve y se oye sin ayuda de la música. Lo que la música tiene que hacer comprensible es lo que ocurre mientras en el alma del hombre, lo invisible e inaudible.

También existen estados anímicos «visibles» en el escenario de los que la música no debe preocuparse. Tomemos la situación teatral[7] en que un divertido grupo nocturno se pierde cantando en la lejanía. Mientras, tiene lugar un duelo silencioso y cruel en primer plano. En este caso la música tendrá que seguir haciendo presente, a través del canto continuado, al alegre grupo que el ojo ya no alcanza. Lo que los dos de delante hacen y sienten al hacerlo puede reconocerse sin necesidad de más aclaraciones, y la música no debe intervenir; desde un punto de vista dramático, no debe romper el silencio trágico.

Considero que ese método de la vieja ópera está justificado en ciertas ocasiones. Consistía en resumir en una pieza cerrada el ambiente creado por una agitada escena dramática y dejar que culminase en el aria. La palabra y los gestos transmitían el curso dramático de la acción, seguidos más o menos débilmente en lo recitativo por la música. Una vez llegados al punto de quietud, la música pasaba a ocupar de nuevo el lugar principal. Esto es menos superficial de lo que se quiere hacer pensar ahora. Aunque, de nuevo, fue precisamente la forma rígida del «aria» la que condujo a la expresión falsa y a la decadencia.

La palabra cantada sobre el escenario siempre será una convención y un obstáculo para todo efecto verdadero. Para salir airosos de este conflicto se puede plantear una acción en la cual se actúe cantando, desde el principio en base a lo increíble, a lo falso, a lo improbable, de modo que algo imposible sustente a otra cosa también imposible para que de esta manera ambas sean posibles y admisibles.[XIV]

---
7 De la obra de Offenbach *Los cuentos de Hoffmann*.

Considero insostenible el llamado verismo italiano para el escenario musical por esta razón, y porque desde el principio ignora este postulado tan importante.

En cuanto a la pregunta sobre el futuro de la ópera, para responderla es necesario aclarar esta otra: «¿En qué momentos es indispensable la música sobre el escenario?»[XV] La respuesta adecuada proporciona esta información: «En bailes, marchas, canciones y cuando entra en acción lo sobrenatural».[XVI]

Por consiguiente la idea del tema sobrenatural aparece como una posibilidad futura. Y otra más: la idea de la «representación teatral» absoluta, la animación con disfraces para entretener, el escenario como ficción manifiesta y anunciada, la idea de la broma y de la falsedad contrapuesta a la seriedad y veracidad de la vida. Entonces sí es adecuado que los personajes proclamen su amor y descarguen su odio cantando, y que caigan en duelo de forma melódica, que sostengan calderones en tonos altos mientras se producen explosiones patéticas. Entonces sí es adecuado que se comporten intencionadamente de modo distinto a como lo hacen en la vida, en lugar de hacerlo todo mal involuntariamente (como ocurre en nuestros teatros y especialmente en la ópera).

La ópera se debería adueñar de lo sobrenatural o de lo no natural como de una región de apariciones y de sensibilidad que por naturaleza le pertenece sólo a ella, y en este sentido debería crear un mundo imaginario, que refleje la vida sobre un espejo mágico o un espejo cómico; que ofrezca conscientemente lo que no existe en la vida real.[XVII] El espejo mágico para la ópera seria, el de la risa para la bufa. Y dejad que se intercalen bailes, juegos de máscaras y apariciones, para que el espectador sea consciente en todo momento de la amena mentira, y no se entregue a ella como si se tratase de una experiencia real.[XVIII]

Así como el artista no debe conmoverse cuando ha de conmover a otros (si no quiere acabar perdiendo el control de sus recursos), el espectador nunca tiene que tomar el efecto teatral por realidad, si quiere disfrutarlo; de modo que el placer artístico no se rebaje a lo prosaicamente humano.[XIX] El actor debe «actuar», no vivir. El espectador permanece incrédulo y así no tiene impedimentos para recibir ni saborear la representación.

Con estos requisitos se podría pensar perfectamente que la ópera tiene futuro. Pero el primer y más sólido obstáculo, me temo, lo origina el público mismo.

En vista del teatro actual me parece que este público está del todo predispuesto criminalmente. Se puede suponer que la mayoría exige del escenario una experiencia humana[XX] fuerte, a falta de algo así en su mediana existencia; y probablemente también a falta de valor para intervenir en situaciones conflictivas, como exige su anhelo. El escenario les ofrece estos conflictos sin los peligros que los suelen acompañar y sin sus graves consecuencias, sin compromiso y, sobre todo, sin cansarse. Lo que no sabe ni quiere saber el público es que, en la recepción de una obra de arte, la mitad del trabajo tiene que ser realizada por el receptor mismo.

La ejecución en música proviene de aquellas alturas libres de las que bajó la música misma. Cuando existe el peligro de que se vuelva terrenal, la ejecución debe elevarla y ayudarla a volver a su estado original, a «flotar en el aire».

La notación, escribir piezas musicales, es, en principio, una ingeniosa ayuda para fijar una improvisación y permitir que pueda reproducirse. Pero la primera es a la segunda como un retrato a un modelo vivo.[XXI] El ejecutante tiene que deshacer de nuevo la rigidez de los signos y ponerlos en movimiento.

Pero los legisladores exigen que el ejecutante reproduzca la rigidez de los signos, y consideran la ejecución tanto más perfecta cuanto más se ciñe a ellos.[XXII]

Lo que el compositor pierde de su inspiración a través de los signos, tiene que reconstruirlo el ejecutante a través de la suya propia.[8][XXIII]

---

[8] En E.T.A. Hoffman, que me viene aquí a la memoria como ejemplo típico, se muestra insistentemente y se cumple de modo trágico cuánto influye la notación en el estilo en música, cuánto encadena la fantasía, cómo surgió la «forma» a partir de ella y, de la «forma», el «convencionalismo» de la expresión.

Las suposiciones mentales de este curioso hombre, que se perdían en lo onírico y se deleitaban con lo transcendental, como a menudo muestran sus escritos de modo inimitable, mejor tendrían que haber encontrado su lenguaje y efecto adecuados con más razón en el ya de por sí onírico y transcendental arte de los sonidos. Los velos del misticismo, el sonido interior de la naturaleza, la bruma de lo sobrenatural, la vaguedad crepuscular de las imágenes que despiertan del sueño, todo lo que ha narrado con palabra precisa de modo tan impresionante, todo eso (cabe pensarlo) lo podría haber conseguido revivir realmente a través de la música. Por el contrario, si se compara la mejor obra musical de Hoffman con la peor de sus obras literarias se comprobará con tristeza que el sistema de compases, periodos y tonalidades que adopta, en el que influye el estilo de ópera de la época, pudieron

Para los legisladores lo más importante son los signos mismos, y cada vez más. La nueva música proviene de los viejos signos, estos significan ahora la música en sí. Si dependiera de los legisladores, una misma pieza musical tendría siempre que sonar en la misma medida de tiempo, tantas veces como fuera interpretada, lo hiciese quien lo hiciese y bajo cualquier condición.

Pero esto no es posible; se opone la naturaleza flotante y expansiva de la niña divina, que exige lo contrario. Cada día comienza de modo distinto al anterior; pero siempre con la aurora. Los grandes artistas interpretan sus obras una y otra vez de maneras diferentes, las cambian en el momento, las agilizan o las retardan, de un modo que no se puede expresar con signos, siempre según las proporciones de esa «armonía eterna».

En ese caso el legislador se enoja y remite al creador a sus propios signos. Tal y como están las cosas hoy, será a él al que den la razón.

convertir al poeta en un filisteo. Pero inferimos por muchas notas admirables del propio escritor que él se imaginaba otro ideal de música. De estas, aparece a continuación la que más se aproxima a la manera de pensar de este librito:

> ¡Pues bien! El espíritu que reina en el mundo arrastra cada vez más allá; las formas desparecidas nunca vuelven a moverse como lo hacían en el regocijo de la vida; pero lo verdadero es eterno e inmortal, y una comunión maravillosa de espíritus liga el pasado, el presente y el futuro con un lazo misterioso. Los grandes maestros antiguos siguen vivos en espíritu; sus cantos no se han extinguido aunque no se oigan con el ruido bramante y atronador de la salvaje locura que ha caído sobre nosotros. Que no esté lejos el tiempo en que se cumplan nuestras esperanzas, que comience una vida buena en paz y alegría en la que la música, libre y poderosa, mueva sus alas seráficas para comenzar de nuevo su vuelo al infinito, que es su patria y desde el cual irradia consuelo y salud al inquieto corazón de los hombres. (E.T.A. Hoffmann, *Los hermanos Serapión*.)

La «notación» me lleva a pensar en transcripción: un término actualmente bastante mal entendido, casi deshonroso. Me ha impulsado a tratar de aclarar este punto la oposición frecuente que he despertado con mis «transcripciones», que a menudo han dado lugar a críticas irracionales. Lo que definitivamente pienso de esto es: cada notación es ya una transcripción de una idea abstracta. El pensamiento pierde su forma original en el momento en que la pluma se apodera de él. La intención de anotar la idea condiciona ya la elección del tipo de ritmo y de tonalidad.[XXIV] Los medios formales y sonoros que debe escoger el compositor determinan aún más el camino y los límites.

Es algo parecido a lo que ocurre con el ser humano. Nace desnudo y con inclinaciones aún indeterminadas, se decide o es incitado a escoger una carrera en un momento dado. Puede permanecer algo original de la idea o del hombre, que es indestructible: pero desde el momento mismo de la decisión, ambos quedan reducidos a ejemplares de una clase. La idea se convertirá en una sonata o en un concierto, el hombre en soldado o sacerdote. Esto es un arreglo del original. [XXV] Desde la primera transcripción a una segunda el paso es, en proporción, corto y sin importancia.[XXVI] Pero en general sólo se armará revuelo con la segunda y se pasa por alto que una transcripción no destruye la versión original, es decir, no se produce una pérdida de esta a través de aquella.

También la ejecución de una obra es una transcripción, y esta no puede (por muy libre que sea) hacer desaparecer nunca el original.[XXVII]

Porque la obra de arte musical permanece completa e intacta antes de sonar y después de haberlo hecho.[XXVIII] Se mantiene a la vez en el tiempo y fuera de él, y su esencia puede proporcionarnos un concepto concreto de la noción de idealidad del tiempo, que de otro modo resulta inaccesible.

Por lo demás, la mayoría de las composiciones para piano de Beethoven recuerdan a transcripciones de orquesta, y la mayor parte de las composiciones para orquesta de Schumann recuerdan a arreglos para piano, y en cierto modo lo son.[XXIX]

Curiosamente la variación está muy bien vista por los «fieles a la letra». Esto es extraño, porque la variación, cuando se construye sobre un tema ajeno, da lugar a toda una serie de adaptaciones, más irrespetuosas, por cierto, cuanto más ingeniosas sean. Por eso la adaptación no es aceptable, porque cambia cosas del original; mientras que la variación es aceptable a pesar de que adapta el original.[9]

---

[9] Una introducción del autor a un concierto en Berlín en noviembre de 1910 contenía entre otras las siguientes frases: «Sólo hay que nombrar a Johann Sebastian Bach para elevar de golpe la esencia de la transcripción a dignidad artística a ojos del lector. Él fue uno de los más prolíficos transcriptores de piezas propias y ajenas, particularmente como organista. De él aprendí la verdad: que la música buena, grande, universal sigue siendo la misma independientemente de los medios con que suene. Pero también la otra verdad: que los distintos medios tienen también una lengua distinta (propia de ellos), en la que expresan el mismo contenido cada vez con una nueva interpretación». «El hombre no puede crear sino sólo transformar lo que encuentra en su mundo». Hay que tener en cuenta además, que cada representación de una ópera en el teatro, en parte intencionadamente y en parte por las casualidades que incorporan los numerosos elementos que intervienen, tiene que dar lugar y de hecho da lugar a una adaptación. Nunca viví en el escenario una representación del *Don Giovanni* de Mozart que se pareciera a otra. Parece que el director, tanto en esta obra como en la *Flauta Mágica*, muestra su

El término «musical» pertenece a los alemanes. La palabra empleada en este sentido figurado no se encuentra en ninguna otra lengua. Es propia de los alemanes y no de la cultura general, y su denotación es falsa e intraducible. «Musical» deriva de música, igual que «poético» de poesía y «físico» de física. Si digo «Schubert fue uno de los hombres más musicales», es como si dijera «Helmholtz fue uno de los hombres más físicos».[XXX] Musical es: lo que suena en ritmos e intervalos. Un mueble puede ser «musical» si contiene un «carillón»[10]. En sentido comparativo, «musical» puede significar en el mejor de los casos que suena bien.[XXXI]

«Mis versos son demasiado musicales como para que se les pueda poner música», me dijo una vez un poeta conocido.

> Spirits moving musically
> To a lute's well-tuned law
> (Espíritus que se mueven musicalmente
> al compás de un laúd bien afinado)

Escribe E.A. Poe. Finalmente se habla con razón de la «risa musical», porque suena a música.

---

ambición introduciendo una y otra vez variaciones y cambios de orden en las escenas (y dentro de las escenas en los procesos que se dan en ellas). Tampoco he oído nunca (por desgracia) que la crítica se rebelara contra la traducción al alemán del *Don Giovanni*; si bien una traducción (en esta obra maestra la fusión de la música con el texto especialmente) es en realidad una de las adaptaciones más sospechosas.

10 El único tipo de hombre que podría llamarse musical sería el cantante, ya que puede producir sonidos él mismo. También se podría tener por imitación de hombre musical a un payaso que produce sonidos mediante un truco cuando se le toca.

En el significado empleado casi siempre en alemán, un hombre musical es aquel que muestra aptitud para la música en tanto que puede distinguir y percibir los aspectos técnicos de este arte.^XXXII Por aspectos técnicos entiendo aquí el ritmo, la armonía, la entonación, la canturía y la temática. Una persona será tenida por más musical cuanto más capaz sea de oír o reproducir detalles. Lo «musical» ha cobrado obviamente la mayor importancia con el gran peso que se le da a estos elementos. Un artista técnicamente perfecto tendría que ser considerado el ejecutante más musical; pero como con «técnica» sólo se hace referencia al dominio mecánico del instrumento, ello ha llevado a que «técnico» y «musical» sean términos opuestos.

Se ha llegado tan lejos que hasta se ha definido una composición en sí como «musical»,[11] o incluso se ha afirmado de un gran compositor como Berlioz que no era lo suficientemente musical. «No musical» es la crítica más negativa que se puede hacer, ya que marca al afectado y lo convierte en proscrito.

Esta diferenciación es superflua en un país como Italia, donde hay un sentido generalizado del gusto musical y la palabra para describirla no existe en la lengua. En Francia la sensibilidad para la música no está presente en el pueblo y hay músicos y no-músicos. Del resto, algunos «aman mucho la música» y otros «no la aman».^XXXIII Sólo

---

11 «Pero estas composiciones son tan musicales», me dijo una vez un violinista de una obrita para cuatro manos que a mí me parecía muy trivial.

en Alemania el ser o no «musical» se convierte en una cuestión de honor;[XXXIV] es decir: no sólo sentir amor por la música, sino sobre todo comprender sus técnicas de expresión y respetar sus leyes.

Mil manos sujetan a la niña flotante y vigilan sus pasos con buena intención para que no eche a volar y quede a salvo de una caída seria. Pero es todavía tan joven y es eterna; ya vendrá el tiempo de su libertad. Cuando deje de ser «musical».[XXXV]

El sentimiento es una cuestión de honor moral, igual que la sinceridad; una cualidad que nadie permite que se le niegue, y que es válida tanto en la vida como en el arte.[XXXVI] Pero, mientras en la vida se puede perdonar la falta de sentimiento en favor de una cualidad del carácter más brillante, como por ejemplo la valentía o el ser insobornable, en el arte el sentimiento es la cualidad moral más alta.

Pero el sentimiento (en la música) exige dos vehículos: el gusto estético y el estilo. En la vida es tan raro encontrar el gusto como los sentimientos profundos y verdaderos, y en lo referente al estilo, este es territorio del arte. Lo que queda es una idea del sentimiento que tiene que ser descrita de forma afectada y rimbombante. ¡Y sobre todo se exige que sea claramente visible! Se tiene que subrayar, para que todo el mundo se dé cuenta, lo vea y oiga. Se proyectará ante los ojos del público muy amplificado, de modo que baile ante los ojos desdibujado e impertinente. Se gritará para que entre en el oído de quienes están apartados del arte; se cubrirá de oro, para asombrar a quienes carezcan de medios económicos.

Y es que en la vida también se usa mucho la expresión del sentimiento con gestos y palabras. Más raro y auténtico es aquel sentimiento que actúa sin hablar, y el más valioso de los sentimientos es aquel que se oculta.

Por sentimiento se entiende generalmente: delicadeza, dolor y exaltación de la expresión.

¡Cuánto más esconde la flor maravillosa de la sensibilidad! Discreción y miramiento, espíritu de sacrificio, fuerza, trabajo, paciencia, generosidad, alegría y esa inteligencia que reina sobre todo, de la que proviene verdaderamente el sentimiento.

No es distinto en el arte, que refleja la vida, y más manifiestamente en la música, que repite las sensaciones de la vida: pero en esta tiene que participar el gusto, como he subrayado, y el estilo; el estilo, que diferencia al arte de la vida.

El profano, el artista mediocre, se esfuerza por el sentimiento pequeño, detallado, de corto recorrido.

Los profanos, los artistas mediocres y el público (¡desgraciadamente también la crítica!)[XXXVI] confunden el sentimiento grande con la falta de sensibilidad, porque ninguno es capaz de abarcar largos recorridos como partes de un todo aún mayor. Por eso el sentimiento es también economía.

Distingo entre sentimiento como gusto, como estilo y como economía. Cada uno es un todo y a la vez un tercio del todo. En ellos y sobre ellos reina la unión subjetiva de tres elementos: temperamento, inteligencia y sentido del equilibrio.[XXXVII]

Los seis dirigen un corro con una distribución tan sutil de emparejamientos y enlaces, de llevar y ser llevado, de adelantarse y agacharse, de moverse o pararse, que es imposible imaginarse algo más artístico.

Si el acorde de ambas triadas está afinado del todo, entonces la fantasía puede y debe acompañar al sentimiento: será inagotable si se apoya en esos seis elementos, y de la asociación de todos surgirá la personalidad. Esta última recibe las impresiones de la luz como una lente, las refleja a su manera como en los negativos, y al oyente le aparece la imagen correcta.

Dado que el gusto estético es parte del sentimiento, sus formas de expresión cambian con el paso del tiempo. Es decir: en uno u otro tiempo se prefiere uno u otro aspecto del sentimiento, se atiende sólo a ese aspecto y se presenta magnificado.

Con Wagner y tras él llegó el turno de la sensualidad apasionada: a día de hoy aún no ha sido superada por los compositores la forma del «crescendo» para expresar el arrebato pasional. Todo comenzaba en calma tras la cual seguía un rápido impulso ascendente. Wagner, en eso insaciable pero no inagotable, tuvo la idea de escapar de ello insertando un comienzo en silencio después de alcanzar un punto culminante, para volver a ascender inmediatamente después.

Los franceses más modernos están dando muestras de un retorno: para ellos el sentimiento es castidad reflexiva, quizás, además, sensualidad contenida: a los ascendentes senderos montañosos de Wagner siguen monótonas llanuras de vaga uniformidad.

Así se forma el «estilo» en el sentimiento, cuando lo conduce el gusto.

Los «apóstoles de la *Novena Sinfonía*» inventaron el término de la profundidad en la música, que aún conserva todo su valor, sobre todo entre los germánicos. Existe profundidad del sentimiento y profundidad del pensamiento: esta última es literaria y no puede tener ninguna aplicación a los sonidos. La profundidad del sentimiento es, por el contrario, espiritual y pertenece por completo a la naturaleza de la música.[XXXVIII]

Los apóstoles de la *Novena Sinfonía* sienten un aprecio especial por la profundidad en la música, aunque este aprecio sea algo difuso.

La profundidad se convierte en extensión y se anhela a través de la gravedad: se muestra después, por asociación, en la preferencia por los registros «graves» y (como he podido observar) también porque sugieren un segundo sentido oculto, que la mayor parte de las veces es literario.

Estas no son sus únicas características, pero sí las más significativas.

Cualquier amigo de la filosofía entendería por profundidad del sentimiento el agotar los sentimientos: abrirse por completo a un estado de ánimo.

Quien vaga[XXXIX] por un carnaval auténtico y grande con gesto huraño o sólo con indiferencia, quien no se siente arrebatado o emocionado por la autosátira violenta de las máscaras y las muecas, por el poder del desenfreno sobre las leyes, por el sentimiento de venganza liberado por los chistes, es incapaz de hacer descender su sentimiento hasta lo profundo.[XL] Ello confirma que la profundidad del sentimiento tiene sus raíces en la comprensión de todos y cada uno de los estados de ánimo (incluso del más frívolo),[XLI] y florece en su expresión, mientras la idea común de sentimiento profundo no hace más que extraer un aspecto del sentimiento humano y concentrarse en él.

En la que llaman «Aria del champán» de *Don Giovanni* hay más «profundidad» que en algunas marchas fúnebres o nocturnos: la profundidad del sentimiento se expresa también en que no se desperdicia en cosas secundarias o insignificantes.[XLII]

El creador no debería aceptar de buena fe ninguna ley transmitida y de hecho debería tomar sus propias creaciones como una excepción frente a ellas desde el principio. Tiene que buscar y formar una ley propia adecuada para cada caso y destruirla después de haberla empleado al máximo una vez, evitando así caer en repeticiones en futuras obras.

La tarea del creador consiste en establecer leyes, no en seguirlas. El que sigue las leyes establecidas deja de ser creador.[12]

---

[12] «Quien va detrás de alguien, no lo adelanta», se dice que son palabras de Miguel Ángel. Hay un dicho italiano que se expresa de forma mucho más drástica sobre el uso provechoso de las «copias».

La fuerza creadora se percibe mejor cuanto más independiente sea de la tradición. Pero la intencionalidad a la hora de evitar las leyes no puede hacerse pasar por fuerza creadora, ni mucho menos engendrarla.

En realidad el auténtico creador sólo aspira a la perfección. Y cuando la armoniza con su individualidad surge una nueva ley sin buscarla.

La rutina es muy apreciada y se exige a menudo en el «oficio» de la música. Por otro lado, el que exista la rutina en la música y además sea exigible a los músicos da cuenta de lo estrechas que son las fronteras de esta música nuestra. Rutina significa adquisición de unas pocas experiencias y trucos y su empleo en todos los casos que se presenten. Por lo tanto debe haber un número sorprendente de casos similares. ¡Yo en tanto quiero soñar con una manera de hacer arte en la que todos los casos sean nuevos, sean excepciones! El ejército de los amantes de lo práctico quedaría desorientado y de brazos caídos ante ella. Al final tendría que emprender la retirada y desaparecer. La rutina transforma el templo del arte en una fábrica. Destruye la creatividad. Porque crear significa: producir de la nada. La rutina en cambio prospera con la imitación. Es «poesía que se deja dar órdenes». Impera porque satisface a la mayoría. En el teatro, en la orquesta, en los virtuosos, en la enseñanza. Uno desearía gritar: ¡evitad la rutina, empezad cada vez como si nunca hubierais empezado, no sabed nada, sino pensad y sentid!

Porque mirad, las millones de melodías que sonarán algún día están disponibles desde el principio, dispuestas, flotan en el éter, y con ellas otros millones que no serán nunca oídas. Sólo debéis tender la mano para alcanzar una flor, un soplo de brisa marina, un rayo de sol. Evitad la rutina ya que esta sólo abarca lo que llena vuestra habitación, y una y otra vez lo mismo: os volveréis tan cómodos que casi no os levantaréis del sillón y sólo tomaréis lo que esté más cerca. ¡Y hay millones de melodías disponibles desde el principio esperando para manifestarse!

«Esta es mi desgracia, que no tengo rutina», escribía en una ocasión Wagner a Liszt cuando no quería avanzar la composición de *Tristán*

Con ello Wagner se engañaba a sí mismo y se enmascaraba ante otros. Él tenía demasiada rutina y su maquinaria de composición se atascaba en cuanto surgía un nudo que sólo se solucionaba mediante la inspiración. Es cierto que al final lo solucionaba, cuando conseguía dejar de lado la rutina; pero, si de verdad no hubiera tenido rutina, lo habría afirmado sin amargura.

Por lo menos la frase tomada de la carta de Wagner expresa el apropiado desprecio artístico por la rutina, en tanto niega de sí esa cualidad que le parece negativa y evita que otros se la atribuyan. Así se alaba a sí mismo y se comporta de forma irónico-desesperada. De hecho se muestra infeliz porque la composición se atasca, pero se consuela, muy consciente de que su genio está por encima del recurso trivial a de la rutina. Presume de modesto mientras confiesa triste que no ha adquirido un dominio de la técnica apreciado por todos y más bien propio de la artesanía.[XLIII]

La frase es una obra maestra del ingenio instintivo propio del instinto de conservación, pero demuestra (y esa es nuestra meta) lo insignificante de la rutina en la creación.

El entorno de nuestra música se ha vuelto tan estrecho, su forma de expresión tan estereotipada, que hoy en día no hay motivo conocido que no encaje bien con otro motivo conocido, de manera que se puedan tocar los dos al mismo tiempo. Me abstendré de aportar ningún ejemplo para no perderme aquí con menudencias.[13]

De repente un día me pareció verlo claro: la música no avanza por culpa de nuestros instrumentos. Los compositores no avanzan por el estudio de las partituras. Si «crear» como lo he definido significa «formar de la nada» (y no puede significar otra cosa); si la música (esto también lo he dicho ya) debe aspirar a volver a la «originalidad», esto es, a volver a su propio y puro ser (un «volver» que en realidad sería el verdadero «avanzar»); si la música se desprende de las convenciones y fórmulas como si se tratara de ropa vieja y resplandece en bonita desnudez; a este anhelo lo frenan de momento los instrumentos musicales. Los instrumentos están encadenados a sus dimensiones, al modo en que suenan y a sus posibilidades de ejecución, y sus cientos de cadenas encadenan también a quien quiere crear.

---

[13] Una vez emprendí un juego así con un amigo, para confirmar con la broma, cuántas de las piezas musicales conocidas estaban hechas siguiendo el esquema del segundo tema del adagio de la *Novena Sinfonía*. En poco tiempo habíamos juntado quince analogías de los más variados géneros, algunas de ellas de poco valor artístico. Y el mismo Beethoven. ¿Acaso el tema del final de la *Quinta* es distinto al que anuncia su «Allegro» en la *Segunda*?, ¿Y el motivo principal del tercer concierto de piano, esta vez en modo menor?

Vano será todo intento de vuelo libre del compositor; en las partituras más recientes e incluso en las del futuro inmediato nos toparemos una y otra vez con lo peculiar de los clarinetes, trombones y violines, que, en efecto, no pueden ir más allá de sus limitaciones; [14] a ello se suma el amaneramiento de los instrumentistas en el manejo de su instrumento; el desbordamiento vibrante del violonchelo, el comienzo titubeante de la trompa, el tímido sofoco del oboe, la ostentosa familiaridad del clarinete; de modo que en cada obra nueva e independiente toma forma necesariamente, una y otra vez, la misma representación del sonido y hasta el compositor más independiente se ve arrastrado dentro y fuera de algo que no se puede cambiar.[XLIV]

Puede que no hayan sido explotadas todas las posibilidades dentro de estos límites (la armonía polifónica debería poder producir todavía algún fenómeno sonoro), pero es seguro que el agotamiento espera al final de un camino cuyo recorrido más largo ya se ha hecho. ¿A dónde dirigimos entonces nuestra mirada, en qué dirección nos lleva el siguiente paso?

Creo que hacia el sonido abstracto, hacia la técnica sin obstáculos, hacia la no limitación tonal. Hacia allí tienen que apuntar todos los esfuerzos para que surja un nuevo comienzo virginal.[XLV]

---

14 Y esto es lo victorioso en Beethoven, que, de todos los compositores «modernos» fue el que menos cedió a las exigencias de los instrumentos. Por el contrario es innegable que Wagner inventó una «escritura para trombón» que desde entonces se ha adoptado siempre en las partituras.

El que nace para crear tendrá que asumir en primer lugar la tarea negativa, de gran responsabilidad, de liberarse de todo lo aprendido, escuchado o aparentemente musical y después de despejar el terreno, conjurar un todo fervoroso-ascético que le permita escuchar el sonido interior y así alcanzar el siguiente peldaño y compartirlo con los hombres.[XLVI] Este Giotto de un Renacimiento musical será coronado con la bendición de las personalidades legendarias. A la primera revelación seguirá[XLVII] una época de actividad musical religiosa, donde no podrá participar ningún gremio, en tanto que evidentemente los elegidos e iniciados y sólo estos serán los que la lleven a cabo. Entonces brotará resplandeciente la flor más perfecta, quizás la primera en la historia de la música humana. También puedo ver cómo comienza la decadencia[XLVIII] y se confunden los términos puros, y como se profana el orden...[XLIX] Ese es el destino de los tardíos, y nosotros, hoy, nos parecemos a ellos, como la infancia a la vejez.

Los silencios y los calderones son lo que en nuestra música de hoy más se aproxima a su esencia original. Los grandes intérpretes, los improvisadores, saben aprovechar esta herramienta de expresión en gran y abundante medida. El fascinante silencio entre dos movimientos, en ese entorno él mismo música, deja adivinar más de lo que es capaz de hacer el más determinado, pero por eso menos prolongable sonido.

Lo que hoy llamamos nuestro «sistema tonal» también son «signos», y no otra cosa. Una ingeniosa ayuda para retener algo de aquella armonía eterna; una miserable edición de bolsillo de aquella obra enciclopédica; luz artificial en lugar de sol. ¿Habéis visto cómo la gente se queda boquiabierta ante la iluminación brillante de una sala? Pero nunca lo hacen ante el brillo del sol al mediodía, millones de veces más fuerte.

Y es que aquí también los signos se han vuelto más significativos que lo que deben significar y sólo pueden insinuar.

¡Qué importantes son de hecho la «tercera», la «quinta» y la «octava»! De qué manera tan estricta diferenciamos entre «consonancias» y «disonancias», ¡allí donde en realidad no puede haber disonancias!

Hemos dividido la octava en doce grados separados entre sí por la misma distancia, porque de alguna manera teníamos que arreglárnoslas, y hemos configurado nuestros instrumentos de manera que nunca podamos llegar más arriba, más abajo o entre medio.^{L} De hecho los instrumentos de tecla han educado tan a fondo nuestro oído, que ya no somos capaces de oír otra cosa, o si lo hacemos nos parecen sonidos impuros. ¿Y quién se acuerda todavía de que la naturaleza creó una gradación infinita? ¡infinita![15]

---

15 El «sistema temperado», que ya en 1500 se había discutido en la teoría pero que no fue establecido con principios hasta poco antes de 1700 (por Andreas Werkmeister), divide la octava en doce partes iguales (semitonos, de ahí que se llame «sistema de doce semitonos") y de esta manera obtiene valores intermedios que no entonan ningún intervalo de forma precisa, pero sí todos de manera medianamente aprovechable». (Riemann, Musiklexikon.)

De esta manera hemos ganado a través de Andreas Werkmeister, este capataz [N. del t.: *Werkmeister* significa capataz] del arte, el "sistema de doce semitonos" con muchos intervalos impuros pero aceptables para el uso. ¿Pero qué es puro e impuro? Nuestro oído oye un piano desafinado del que quizás han surgido intervalos "puros y aprovechables" como impuros. El diplomático sistema de 12 es una solución de emergencia obligada, pero velamos por la salvaguardia de su imperfección.

Y dentro de esa octava de doce partes hemos marcado una sucesión de distancias determinadas, que son siete, y hemos planteado toda nuestra música en base a esto. ¿Qué he dicho, una sucesión? Dos sucesiones: las escalas mayor y menor. Si aplicamos la misma sucesión de distancias partiendo de otro de los doce grados intermedios damos lugar a una nueva tonalidad, ¡incluso una nueva! El sistema tan violentamente limitado resultante de esta primera confusión se explica en los libros de leyes. No queremos repetirlo aquí.[16]

Enseñamos veinticuatro tonalidades, doce veces las dos series de siete notas, pero en realidad sólo disponemos de dos: la tonalidad mayor y la menor. Las otras no son más que transposiciones. A través de cada una de las transposiciones se quiere oír surgir un carácter distinto; pero eso es un engaño.[LI] En Inglaterra, donde domina la afinación alta, las obras más conocidas se tocan medio tono más alto del que están anotadas sin que por ello cambie su efecto. Los cantantes transponen su aria como les es más cómodo y dejan sin transponer lo que la precede y lo que le sigue.

A menudo los compositores de Lieder publican sus propias obras en tres alturas distintas de notación; las piezas siguen siendo exactamente las mismas en las tres ediciones.

Cuando se asoma a la ventana una cara conocida, da lo mismo que lo haga desde el primer o el tercer piso.

Si se pudiera elevar o hacer descender unos cientos de metros un paraje, hasta donde alcanza la vista, la imagen del paisaje no perdería ni ganaría nada con ello.

---

16 Se llama «teoría de la armonía».

Toda la música se ha planteado sobre ambas series de siete, la tonalidad mayor y la menor. Una limitación conduce inexorablemente a la otra.

Se le ha asignado un carácter determinado a cada una; se ha aprendido y enseñado a oírlas como contrapuestas, y poco a poco han tomado el significado de símbolos, mayor y menor, *Maggiore e Minore*, satisfacción e insatisfacción, alegría y tristeza, luz y sombra. Los símbolos armónicos han cercado la expresión de la música, desde Bach a Wagner y hasta hoy y el día de mañana.[17] El modo menor se emplea con la misma intención y produce el mismo efecto hoy que hace doscientos años. Hoy en día no se puede «componer» ninguna marcha fúnebre, porque ya hay una válida para siempre. Hasta el profano menos educado sabe lo que le espera tan pronto como suena una, ¡cualquiera de ellas! Hasta el profano presiente la diferencia entre una sinfonía en modo mayor y una en modo menor.

Es extraño que los modos mayor y menor se consideren contrarios.[LII] Ambos tienen la misma cara; respectivamente más alegre y más seria; y basta un pequeño trazo para convertir el uno en el otro.[LIII] El paso es imperceptible y no requiere esfuerzo; si ocurre a menudo y rápido, empiezan a centellear uno dentro del otro de forma irreconocible. Pero si asumimos que mayor y menor son un todo ambiguo y que las «veinticuatro tonalidades» son sólo una transposición de esas dos primeras hecha once veces, entonces

---

17 Esto lo escribí en 1906. Los diez años que han transcurrido desde entonces han ayudado a educar un poquito nuestro oído.

percibimos fácilmente la unidad de nuestro sistema tonal. Se eliminan los términos emparentado y extraño, y con ellos toda la enrevesada teoría de grados y relaciones. Tenemos una única tonalidad; pero muy pobre.[LIV]

> «Unidad del sistema tonal»
> —«¿Quiere usted decir entonces que «modalidad» y «tonalidades» son el rayo de sol y su descomposición en colores?»
> —No, no quiero decir eso. Ya que todo nuestro sistema de sonidos, modalidad y tonalidades en conjunto es sólo una parte de un fragmento de un rayo descompuesto de ese sol que es «la música» en el cielo de la «armonía eterna»

Igual que el apego a la rutina y la pereza pertenecen en la misma medida al modo de ser y la esencia del hombre, también la energía y la oposición a lo establecido son cualidades de todo ser vivo en la misma medida. La naturaleza tiene trucos para engañar a los hombres reacios al avance y a los cambios. Avanza sin cesar y cambia constantemente, pero en un movimiento tan regular e imperceptible que los hombres sólo ven quietud en ella. Sólo el mirar más lejano hacia atrás les muestra la sorpresa, que han sido engañados.

Por eso el «reformador» escandaliza a los hombres de todas las épocas, porque sus cambios son muy repentinos y, sobre todo, perceptibles. En comparación con la naturaleza, el reformador no es diplomático, y por eso sus cambios sólo surten efecto una vez que el tiempo recupera de nuevo, a su manera fina e imperceptible, el salto realizado por cuenta propia. No obstante hay casos en los que el reformador ha marchado al paso del tiempo mientras los demás quedaban rezagados. Y entonces hay que obligarlos, azotándolos, para que salten por encima del trecho perdido. Pienso que las tonalidades mayor y menor y su relación de transposición, el «sistema de doce semitonos», representan uno de esos casos de haberse quedado atrás.

Que ya algunos habían notado antes cómo podrían ordenarse (graduarse) de otra manera los intervalos de la serie de siete notas se aprecia en Liszt a veces y, sobre todo, en la música más avanzada de hoy. De ello da muestra su ansia, su nostalgia y su talento instintivo. Aunque no creo que exista aún una idea consciente y estructurada de este elevado medio de expresión.

He probado a extraer todas las posibilidades de gradación de la serie de siete notas, y he conseguido constatar 113 escalas diferentes, bajando o elevando los intervalos. Estas 113 escalas (en la octava de *do* a *do*) comprenden la mayoría de las «24 tonalidades» y además una peculiar serie de nuevas tonalidades. Y con esto no se agota el tesoro, porque surge la posibilidad de «transposición» de cada una de estas 113, y también de mezclar dos (¿y por qué no más?) de esas tonalidades en armonía y melodía.[LV]

La escala *do*, *re* bemol, *mi* bemol, *fa* bemol, *sol* bemol, *la* bemol, *si* bemol, *do* suena ya significativamente distinta de la escala de *re* bemol menor, si se toma el *do* como nota fundamental. Si se acompaña además del habitual acorde de *do* mayor como base armónica, resulta una nueva sensación armónica. Pero si se oye la misma escala, apoyada alternativamente por los acordes *la* menor, *mi* bemol mayor y *do* mayor, es irreprimible la agradabilísima sorpresa ante esta sonoridad desconocida.

¿Pero dónde colocaría un legislador las escalas *do, re* bemol, *mi* bemol, *fa* bemol, *sol, la, si, do* | *do, re* bemol, *mi* bemol, *fa, sol* bemol, *la, si, do* | *do, re, mi* bemol, *fa* bemol, *sol* bemol, *la, si, do*| *do, re* bemol, *mi, fa, sol* bemol, *la, si* bemol *do* | o incluso: *do, re, mi* bemol, *fa* bemol, *sol, la* sostenido, *si, do* | *do, re, mi* bemol, *fa* bemol, *sol* sostenido, *la, si, do* | *do, re* bemol, *mi* bemol, *fa* sostenido, *sol* sostenido, *la, si* bemol *do*?

Con ello aparece ante el oído una riqueza inmensa para la expresión melódica y armónica; la cantidad de nuevas posibilidades es evidente e indudable.

Con esta exposición debería considerarse completamente demostrada y razonada la unidad tonal. La esencia de la armonía actual consiste en agitar doce semitonos con un caleidoscopio en la cámara de tres espejos del gusto, la sensibilidad y la intención.

Esta es la esencia de la armonía actual, pero no por mucho tiempo, ya que todo anuncia un cambio radical y un avance hacia esa «eterna». Recordemos de nuevo que la gradación de la octava es infinita en sí y aspiremos a aproximarnos algo al infinito. Hace tiempo que llama a la puerta el tercio de tono y nosotros seguimos sin oírlo. Quien haya experimentado con esto, como yo humildemente he hecho, y haya colocado dos sonidos intermedios equidistantes en medio de un tono entero con la garganta o con un violín, y haya entrenado el oído para acertar en el lugar preciso, llegará a la conclusión de que los tercios de tonos son intervalos totalmente independientes, con un carácter definido y no se deben confundir con semitonos desafinados. Se trata de un refinado cromatismo que provisionalmente nos parece basado en la escala de tonos enteros . Si introdujéramos esta última estaríamos negando directamente los semitonos. Perderíamos la «tercera menor» y la «quinta justa», y esta pérdida se percibiría como más grave que la ganancia relativa de un «sistema de 18 tercios de tonos». Pero no hay motivo aparente que induzca a acabar con los semitonos. Si conservamos un semitono para cada tono entero, resulta una segunda serie de tonos enteros medio tono más alta que la primera. Si dividimos esta segunda serie de tonos enteros en tercios resulta para cada tercio de tono de la serie inferior, un semitono correspondiente en la superior.

Por consiguiente, en realidad ha surgido un sistema de sextos de tono, y confiemos en que algún día hablen estos sextos de tono. El sistema tonal que estoy esbozando en estos momentos tiene que llenar el oído primeramente con tercios de tono, sin renunciar a los semitonos.

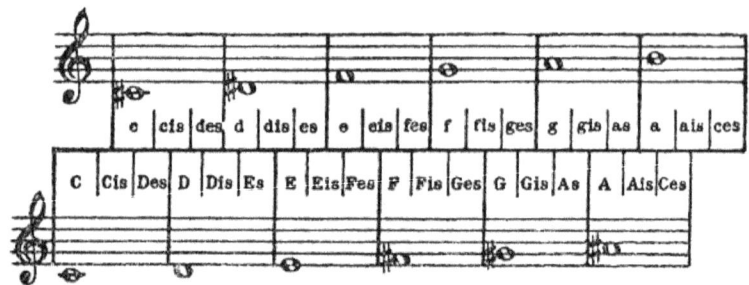

Para resumir: colocamos o bien dos escalas de tercios de tono, separadas entre sí por un semitono o bien tres veces la escala usual de doce semitonos a una distancia de un tercio de tono.

Llamemos, para diferenciarlos de alguna manera, al primer tono *DO* y a los dos siguientes tercios de tono *DO* sostenido y *RE* bemol; al primer semitono *do* (pequeño) y a los siguientes tercios *do* sostenido y *re* bemol; la tabla anterior aclara todo lo que falta.

Considero secundaria la cuestión de la notación. Por el contrario es imperiosa la pregunta sobre cómo y en base a qué se generan esos tonos. Se dio la feliz coincidencia de que mientras trabajaba en este texto recibí un mensaje directo y auténtico de América que resuelve facilmente la cuestión. Se trata del mensaje sobre el invento del Dr. Tadeo Cahill.[18]

---

[18] «New Music for an old World. Dr. Thaddeus Cahill's Dynamophone, an Extraordinary Electrical Invention for Producing Scientifically Perfect Music by Ray Stannard Baker». *Mc. Clure's Magazine*, julio de 1906. Vol. XXVII, nº. 3.
Sobre este trascendental productor de sonidos informa Mr. Baker además: ...La percepción de la imperfección de todos los instrumentos en la manera de producir sonido llevó a reflexionar al Dr. Cahill. El material, la indisposición, la temperatura, las condiciones climáticas perjudican la eficacia de todos los instrumentos. El pianista pierde el poder sobre el sonido de la cuerda que va muriendo desde el momento en que toca la tecla. En el órgano la sensibilidad no

Este hombre ha creado un aparato de grandes dimensiones que puede convertir una corriente eléctrica en una cantidad exacta e inalterable de vibraciones. Como la altura del sonido depende de la cantidad de vibraciones y el aparato se puede regular a la cantidad deseada, con él se consigue la gradación infinita de la octava simplemente moviendo una palanca, que corresponde con un indicador sobre un cuadrante.

puede añadir nada a la nota. El Dr. Cahill pensó en la idea de un instrumento que garantizara al ejecutante el control absoluto sobre cada tono que se produzca y sobre su expresión. Tomó como modelo las teorías de Helmholtz, que le enseñaron que lo decisivo para el carácter del sonido de los distintos instrumentos son las relaciones de cantidad e intensidad de los sonidos armónicos y el fundamental. Por tanto, le construyó varios aparatos suplementarios al aparato que hace sonar el sonido fundamental, cada uno de los cuales produce uno de los armónicos, y podía sumarlos al sonido fundamental con un orden e intensidad determinados por él.

De esta manera cada sonido es capaz de la más variada caracterización: de regular su expresión hasta lo más sensitivo de forma dinámica, de producir una intensidad desde el casi inaudible pianissimo hasta el más insoportable sonido. Y como el instrumento se maneja con un teclado, esto garantiza la capacidad de conservar la peculiaridad de un artista.

Una hilera de esos teclados tocados por varias personas puede llegar a constituir una orquesta.

La construcción del instrumento es extraordinariamente larga y costosa y su valor práctico debería ser puesto en duda con razón. Para transmitir las vibraciones entre la corriente eléctrica y el aire el inventor ha utilizado el diafragma de un teléfono. A través de esta feliz ocurrencia se ha hecho posible enviar los sonidos del aparato desde un puesto central a todos los lugares unidos por cable, incluso a gran distancia; y se ha probado con experimentos exitosos que de esta manera no se pierde nada ni en los detalles ni en la fuerza de los tonos. El espacio con el que está en contacto se llenará encantadoramente de sonido, un sonido científicamente perfecto, que nunca falla, invisible, sin esfuerzo e incasable. El informe del que he sacado estas noticias está acompañado de fotos auténticas del aparato que disipan las dudas sobre la veracidad de esta creación casi increíble. El aparato parece una sala de máquinas.

Este material nuevo sólo podrá ponerse a disposición de la generación venidera y del arte mediante una experimentación larga y minuciosa y la educación continuada del oído.

¡Qué bonitas esperanzas y suposiciones de ensueño se despiertan para ella! ¿Quién no ha «flotado» ya en sueños? ¿Y creído firmemente que está viviendo ese sueño? Vamos a proponernos devolver la música a su esencia original; liberémosla de dogmas arquitectónicos, acústicos y estéticos: dejemos que sea pura invención y sentimiento, en la armonía, formas y timbres (ya que invención y sentimiento no son sólo un privilegio de la melodía): dejemos que siga la línea del arco iris y que apueste con las nubes por ver quién rompe más rayos de sol; que no sea otra cosa que la naturaleza reflejada en el alma humana y proyectada de nuevo por ella; que sea de hecho aire que suena y que alcanza más allá del aire; tan universal y completa en el hombre mismo como en el espacio sideral; ya que puede comprimirse y fluir en todas direcciones sin perder intensidad.

Nietzsche afirma en su libro *Más allá del bien y del mal*:

> Frente a la música alemana considero conveniente tener algo de cuidado. Si se ama el sur como yo lo amo, como una gran escuela de salud, en el sentido más espiritual y sensual, como un caudal indomable de sol y una transfiguración del sol, que se expande sobre un ser orgulloso que cree en sí

mismo, entonces habrá que aprender a cuidarse de la música alemana, porque ésta, a la vez que vuelve a estropear el gusto, también estropea la salud.

Un sureño tal, no por su procedencia sino por sus creencias, si sueña con el futuro de la música tiene que soñar también con liberarla de la música del norte y llevar en sus oídos el preludio de una música más profunda, más potente, y quizás con más maldad y misterio; una música supra-alemana que no se desvanezca ante la visión del voluptuoso mar azul y la claridad del cielo mediterráneo, amarilleando y empalideciendo, como le ocurre a toda la música alemana; una música supra-europea, firme incluso ante las marrones las puestas de sol del desierto, cuya alma esté emparentada con las palmeras y sepa sentirse como en casa y vagar entre fieras grandes, hermosas y solitarias.

Podría imaginarme una música cuya magia más extraordinaria consista en no saber nada del Bien y del Mal,[19] que quizás sólo corriese sobre ella aquí y allá alguna añoranza de marinero, alguna sombra dorada y delicadas debilidades: un arte que viera huir hacia sí desde muy lejos los colores de un mundo moral que se ha vuelto casi incomprensible y se desmorona; y que fuese lo suficientemente hospitalario y profundo como para recibir a esos fugitivos tardíos…

_{19 Aquí Nietzsche cae en una contradicción; si antes soñaba con una música quizás "con más maldad", ahora se imagina una música que "no sepa nada de Bien y el Mal"; pero mí alegación tenía que ver con el último de los sentidos.}

Y Tolstoi convierte en sentimiento musical una impresión paisajística cuando escribe en *Lucerna*:

> Ni una sola línea recta en el mar ni en las montañas ni en el cielo, ni un solo color puro, ni un solo momento de reposo; en todas partes movimiento, irregularidad, capricho, variedad, incesante fluir de sombras y líneas unas con otras, y en todas partes calma, suavidad, armonía y necesaria belleza.

¿Se llegará alguna vez a alcanzar esa música?
No todos alcanzan el Nirvana; pero aquellos que han tenido talento desde el principio y saben todo lo que hay que saber, experimentan todo lo que hay que experimentar, abandonan lo que hay que abandonar, desarrollan lo que hay que desarrollar y hacen realidad lo que hay que hacer realidad, alcanzan el Nirvana.[20] (Kern, *Historia del Budismo en India*).
Si el Nirvana es el reino «más allá del bien y del mal» aquí se ha señalado un camino hacia allí. Hasta su puerta. Hasta la reja que separa a los hombres de la eternidad, o que se abre para dejar entrar al que ha vivido. Más allá

---

[20] Como si se tratara de algo apalabrado me escribe estos días (1906) D. Vincent d'Indy: «... laissant de côté les contingences et les petitesses de la vie pour regarder constamment vers un idéal, qu'on ne pourra jamais atteindre, mais dont il est permis de se rapprocher.» (.... hay que dejar de lado las contingencias y las pequeñeces de la vida para mirar constantemente hacia un ideal, que no podremos alcanzar nunca, pero al que es posible acercarse.»

de la puerta suena música. No arte del sonido.²¹* Quizás tengamos que abandonar primero el mundo para poder escucharla. La reja sólo se abre al caminante que supo desprenderse de las cadenas del mundo por el camino.

*N. del T.: el autor utiliza preferentemente *Tonkunst* en el texto (la palabra de origen germánico) para referirse a la música, pero en este caso contrapone ambos términos directamente, por lo que he optado por traducir literalmente la palabra como «arte del sonido»

21 Creo haber leído que Liszt limitó su *Sinfonía de Dante* a los dos movimientos «Inferno» y «Purgatorio», "porque nuestro lenguaje musical no alcanzaba para representar la felicidad del paraíso».

Adolfo Salazar
La estética de Ferruccio Busoni. La *Ur-Musik*
El Sol, 26 de septiembre de 1924

Al hablar recientemente de las ideas y prácticas de Ferruccio Busoni, como profesor de composición, aludí, de paso, a un librito suyo, corto, pero lleno de sustancia titulado «Boceto para una nueva estética de la música». El título es un poco ambicioso, porque no se trata más que de una colección, unida por un hilo organizador bastante endeble, de ideas y proposiciones que no han pasado al terreno de una experimentación seria. Pero creo útil el hacer un resumen general de esos puntos de vista para ayudar a formarse una idea de la personalidad de Busoni en cuanto se refiere a sus gustos y criterio respecto del arte y de los artistas que han dejado su labor en la historia, conforme antes hablé de lo que creía y practicaba acerca del arte y de los artistas por hacer.

***

La idea madre de la estética de Busoni, es bastante sencilla y se ha repetido muchas veces: «Todas las artes —dice, todos sus recursos y formas, apuntan siempre a un mismo y único objetivo: la imitación de la naturaleza y la interpretación de los sentimientos humanos». Busoni no estuvo extraordinariamente feliz al repetir ese lugar común de la estética burguesa. Pero, salvo ese primer comentario, que visa a la totalidad de la doctrina, no he de discutir el articulado. Me limito, pues, a resumir del modo que creo más fiel.

Dado ese fin y propósito común a todas las artes de todas las épocas, en todas ellas se elevará creando obras maestras. El espíritu que las informa, la medida de su emoción, de su «humanismo» es eterno y de un valor intangible en el transcurso de los años. Pero la forma que afecta, el modo de su expresión, el perfume de la época que ha visto nacer la obra de arte, pasa y envejece rápidamente. Lo Moderno y lo Antiguo, lo Nuevo y lo Viejo, ha existido siempre. Quien ame la «música absoluta», amará en cada época a los nuevos y a los antiguos, sin esclavizarse a un criterio prefijado.

La música quiere libertad. Se ha hecho a la «música absoluta», a la «música pura», el símbolo de la música libre de las trabas de una idea dramática o sentimiento dominante que la obligue a ser su traducción.

Pero por música pura se entiende corrientemente la música de pura forma, la música «arquitectónica», «simétrica», «seccional», de «patrón». Y este patrón es un tirano tan grande o más que esos programas vilipendiados. Se habla mucho de la forma clásica, que se eleva por encima de todas las cosas. Y apenas se entiende por forma clásica más que un conjunto de reglas escolásticas, de relaciones entre tónicas y dominantes, exposiciones, desarrollos y codas. Mozart era un maestro impecable de la forma; ¡pero lo que en él es verdaderamente grande no son sus relaciones de tónicas y dominantes, exposiciones, desarrollos y codas!

Es singular que se pida a los compositores que sean originales en todos los aspectos de la música, menos en lo tocante a la forma ¿Por qué se les prohíbe que lo sean en la «forma»?¿Por qué en cuanto un músico es original en este aspecto se le reprocha su «falta de forma»? Forma hay en todo cuanto existe, en todo en cuanto se sostiene en pie y vive y alienta. La forma, verdaderamente, es imperecedera; pero todas las formas «son diferentes entre sí».

Lo contrario es la imitación, el calco. Esto es, la falta completa de libertad. Y el ansia de libertad es lo que distingue, sobre todo, al genio. Véase a Beethoven, el revolucionario romántico. (Beethoven es el Juan Jacobo de la música. El que luchó por los «derechos del músico», como Juan Jacobo afirmó «los derechos del hombre»). Por su conquista de la libertad musical, Beethoven se acerca a la «música infinita», la cual adivinó en trozos como la introducción a la fuga de la *Sonata op. 106*. Muchos compositores se han acercado a ella en «pasajes preparatorios e intermediarios»; Schumann mismo, con ser de muy inferior estatura, se ha acercado a este «pan-arte» en el trozo de la transición de la Sinfonía en re menor, y otro tanto puede decirse de Brahms en la introducción al final de su primera Sinfonía.

Bach es quien está más próximo a Beethoven en esta *Ur-Musik*, música universal, música cósmica, música primitiva, música de la eternidad, «super-música», como la hubiera denominado Nietzsche. Bach lo consigue con sus «Fantasías para órgano», no en las fugas. Uno y otro de esos músicos deben ser considerados como un «comienzo», no como una finalidad insuperable, aunque en emoción y espiritualidad apenas se les podrá sobrepasar. Los caminos que Beethoven abrió, sólo pueden ser continuados a lo largo de varias generaciones. Wagner, en cambio, será difícil de continuar en forma de expresión, en libertad, porque, como Mozart, juntamente con cada problema da la solución; pero dentro de tal «sistematización, que sólo él podía cerrar el círculo cuyo trazado inició.

El nombre de Wagner conduce a la llamada «música de programa»,que se ha erigido como rival de la «música pura», conceptos que han petrificado de tal manera aun a personas inteligentes, que las ha impedido ver que si una de esas músicas es limitada y unilateral, la otra también lo es y que la tiranía de un programa no es mayor, en todo caso, que la de las repeticiones obligatorias, fórmulas de simetría y demás convencionalidades de la «música pura» o arquitectónica. Una y otra no son más que aspectos de la música universal, de la *Ur-Musik*, limitadas ambas, por tanto, por su propia condición. Cada motivo, cada frase tiene una personalidad propia, necesidades autónomas, que es preciso comprender y satisfacer, sin sujetarse a reglas ni convenciones.

Comprender esas necesidades «sui-géneris» de las frases-gérmenes de la música es lo propio del verdadero, del real compositor. Lo contrario es ser un hombre de oficio, un obrero de la música, no un artista. Y esa comprensión de lo que la idea quiere, de lo que exige para llegar a desarrollarse plenamente en una forma propia, esa adivinación genial del artista es propiamente i-n-t-e-r-p-r-e-t-a-c-i-ó-n.

Todo en el arte es interpretación. Interpretar sus propias intenciones, esto es, adquirir una «técnica de pensamiento»: esto es lo primero. Darlas hechura después, mediante una «técnica de interpretación»: esto viene luego. E inmediatamente al lado, está de nuevo la interpretación de la letra –por el ejecutante– para revivir el espíritu. Así, pues, del pensamiento a la obra escrita, y de ésta a su audición, hay un doble juego: «emoción «versus» notación» y «notación «versus» emoción». Esto confirma ese dicho de Beethoven de que «sólo el genio puede comprender al genio». Un intérprete genial interpretará insuperablemente la obra de un genio porque adivinará en ella la *Ur-Musik* que el compositor ha intentado transcribir.

***

Ahora bien. Y esa *Ur-Musik*, se dirá: ¿qué es? Busoni, como tanto autor alemán –(en esto Busoni era alemán completamente), se ocupa menos de definir su concepto que de dejarlo traslucir por sus explicaciones. Esa *Ur-Musik* es algo vago, cósmico, propio al «alma fáustica», como diría una spengleriano. Algo típico de la música romántica alemana –del romanticismo en general; algo que es una de las facetas más características del arte de Beethoven en su tercera época, y de lo cual son testimonios fehacientes la Sinfonía con coros y el final de la Sonata op. 32 y sus últimos cuartetos. Sobre este punto se encontrarán observaciones afines en el folletón publicado el día 18 sobre Antón Bruckner), y aun en el Preludio de la Trilogía wagneriana que ya su propio autor calificaba de *Ur-Melodie* (*Ur* = primitivo, en un sentido de anterior a la creación del mundo).

De esta idea vaga, un tanto caótica de la *Ur- Musik*, Busoni pasa a un sistema pluritonal, una especie de mar sonoro, del cual no es más que una parte nuestro nuestro sistema de una escala «mayor» con ligeras variantes, llamadas menores, pero sujetas a idéntica función tonal.

Todos los tonos posibles, todas las escalas admisibles, numerosas como las estrellas del cielo, caben dentro de este sistema tonal general. Y no sólo nuestras escalas diatónicas, o cromáticas, o de una mixtura convencional o, como la de distintos compositores modernos, sino aun otros intervalos distintos al semitono, de infinita variedad como los que los pueblos lejanos poseen. Varios compositores han ensayado hacer música empleando los cuartos de tono. Busoni hizo ensayos con los tercios de tono, y aun propuso nuevos sistemas de notación. Publicaremos en breve un artículo informativo sobre los ensayos más recientes para construir una música a base de intervalos más pequeños que el semitono.

Por desgracia, todo ello no pasó de mero boceto, de sugestión, de apunte, pero basta para comprender con qué amplitud de criterio acogería este intérprete extraordinario a los artistas jóvenes en cuyas cabezas sentí bullir un arte nuevo, es decir, «distinto». Porque ese artista, noble y generoso, sabía que este arte por crear no es sino la continuación, la consecuencia legítima y la única valedera del arte universal, de la música eterna −eterna e invencible como la vida− grande e inmortal, no sólo por lo ya creado, sino por lo que reserva ambiciosamente un futuro infinito.

El Sol, 26 de septiembre de 1924

Arnold Schönberg
Notas al *Esbozo de una estética de la nueva música*
edición de 1916

^I Como cualquier otra arte.

^{II} Pero la rima (etc.) no.
Los sonidos tienen tan poco de pensamientos como la rima.

^{III} La música absoluta (una expresión errónea) es aquella en cuya concepción el autor sólo es consciente de las causas y motivaciones musicales. Esto, naturalmente, es demasiado estricto, ya que también podría ser absoluta cuando el autor es consciente de un sentimiento cualquiera.

^{IV} Lo absoluto podría existir naturalmente también sin arquitectura,* sólo repartiendo magnitudes musicales en espacios musicales.

*(Aquí hay que añadir: sin «simetría», sin «clasificación»)

^V Muy bien

^{VI} También ahí. El material adecuado para la formación de lo más sagrado nos atrae; nos hace sagrados. Es la antesala material del espíritu.

[VII] Incorrecto

1. No por culpa de los límites que él mismo...no pudo continuar desarrollándola, sino porque es algo *superfluo*. Eso no es tarea de nadie.
2. Tampoco Beethoven y Bach lo eran; vinieron: Schumann, Mendelssohn, Brahms, Wagner, etc.
3. Ya hace tiempo que se superaron y ampliaron los límites creados por él mismo, y también se enriqueció el material. Pero todo ello, no con el objetivo de superar a Wagner, sino de ofrecer una expresión del sentimiento que, no obstante, no era algo original.

[VIII] Entonces también en la música programática. Igual que de una semilla de manzana no va a crecer nunca un rosal, de los motivos de la música programática sólo puede surgir lo que esos motivos son en su verdadera esencia. ¡Y eso no lo puede cambiar ningún programa!

[IX] Por tanto, nace un rosal de una semilla de manzana.

[X] Aún quedan algunas posibilidades de expresión que Busoni pasa por alto: la música puede imitar al hombre como es *en su interior*, y en este sentido es posible una música programática.

[XI] ¡Muy bien!

[XII] ¡Excelente!

[XIII] La verdadera tarea del arte del teatro es otra: emplear sus propios medios para representar exteriormente procesos interiores. De hecho, para el artista el teatro no es otra cosa que una orquesta, y el drama una sinfonía; pues sólo existe un tipo de arte.

XIV ¡Muy cierto!

XV Respuesta: en ninguno.

XVI ¡Esos son motivos puramente formales!

XVII Lo que *no* existe *todavía*.

XVIII O (*sic.*), ¡¡claro que sí!!

XIX El placer artístico es la forma más elevada de la que puede participar un ser humano. Busoni se refiere a la empatía con los personajes por sus actos, sufrimientos y alegrías.

XX Mejor que «humano», «humano medio»; línea siguiente: mejor que «a falta de algo así en su mediana existencia», «apropiado para su mediana existencia».

XXI Sólo: que el retrato posee un tipo de vida elevada, artística, mientras que el modelo sólo posee una vida inferior.

XXII Pero la notación es incompleta, y por eso el autor se esfuerza en mejorarla todo lo posible. Naturalmente, la interpretación será más elevada cuanto más se atenga una ejecución a lo escrito, esto es, cuanto más sea capaz de captar la verdadera intención del autor de dicho escrito. Ya que el intérprete no es tutor de una obra huérfana, ni mucho menos su padre espiritual, sino su más fervoroso servidor: quiere leer en sus labios todos sus deseos antes que los haya pensado, concebido, para custodiarlos... etc. La obra tiene dos imperfecciones en contra: la de la notación y la del servidor. Desgraciadamente el servidor es casi siempre una individualidad que quiere vivir la vida y no dedicarla a la obra. Por eso la mayoría de las veces se convierte en un parásito exterior, cuando podría haber sido la vía de alimentación en la circulación sanguínea.

XXIII ¡Pero el ejecutante no debe hacer suya la obra de un gran artista!

XXIV La inspiración hace superflua una *elección*. Esa es la esencia de la inspiración, del método artístico, frente a los métodos del artesano del arte y del científico respectivamente.

XXV La pregunta es si eso es bueno. En el caso de *Beethoven* (!) no siempre estoy convencido del todo. ¡Y hay una diferencia entre un Beethoven que reenvía su propia inspiración a su interior para refundirla y cuando lo hace un tercero sin vocación!

XXVI Pero es un pecado contra el espíritu. Y dado que está por escrito, está hecho, es más que un pecado de pensamiento: ¡Es pecado en el pensamiento!

XXVII Claro que sí: ya que el ejecutante crea hasta cierto punto en el mundo real (¿qué objetivo tiene si no la ejecución?), así que puede volverla a extraer de allí empleando los mismos medios.

XXVIII Correcto: el papel pautado permanece; no importa que el espíritu esté ofendido; él no puede decir nada.

XXIX Por eso es mejor cuando Beethoven escribe variaciones sobre un vals de Diabelli que cuando lo hace Brahms sobre un tema de Schumann. Las primeras son una ironía y las últimas una insolencia.

XXX Pero se dice con razón: «una naturaleza poética». Quien tiene una «naturaleza musical», es musical.

XXXI Así puede ser musical una persona. Justo como *suena interiormente* uno de esos muebles.

XXXII ¡¡!?! al contrario: comprender lo espiritual intuitivamente (emplear los sentidos para comprender el sentido).

XXXIII Si en Italia la gente es tan musical y necesita la expresión «musical», entonces bien podrían introducirla. Si no, pues no. En Francia sería superfluo.

XXXIV Este es el empleo exagerado de moda de una expresión que de otro modo sería muy útil.

Poème musical es una poesía cuyo material es el mismo que el de la música. Un hombre musical es aquél que está hecho de música. ¡Se trata, por tanto, de una cuestión de honor!

XXXV ¡Y en muchas más ocasiones!

XXXVI ¿No ocurre lo mismo con el gusto? Y: ¿acaso pregunta una sensación fuerte si ella misma es valiosa, por ejemplo un dolor de muelas fuerte?

XXXVI ? Gracias a Dios; ¡En caso contrario no habría diferencia! ¡Esto parece demasiado servil para un Busoni!

XXXVII Con relación a «economía» y «equilibrio»: ¡pero si son lo mismo!

XXXVIII Con la profundidad pasa lo mismo que con lo musical: uso del idioma; por ese término nos imaginamos algo especial que no podemos expresar mejor. Pero nos basta esa expresión con el significado que todos conocemos, y eso es lo principal en el uso del idioma.

Pero también podría ocurrir que, igual que parece que a nosotros nos falta la gracia y el genio que tienen otros, nosotros tenemos la profundidad que a ellos parece faltar. En cualquier caso nosotros asociamos una idea a esa palabra.

XXXIX Puede estar dominado por un sentimiento fuerte y contradictorio.

XL Quizá porque está ocupado en una profundidad más profunda.

XLI Precisamente ahí: ya que la capacidad* de entregarse es un impulso que no pregunta primero por el gusto; y a menudo los objetos más indignos dan lugar a fortísimos sentimientos profundos.
  *carece de juicio

Tal vez este sentimiento que llamamos profundidad no sea en sí una ventaja, sino sólo una … (*sic*).

XLII ¡Busoni confunde lo «profundamente sentido» con el sentimiento de «profundidad»! Sin duda, la alegría más elevada en el «Aria del champán» proviene también de la profundidad de la naturaleza humana, como la exaltación de un sentimiento profundo. Sin embargo, si se piensa que se puede hablar en serio tanto en lo más profundo como en lo más elevado (?), y sin embargo no se puede estar invadido de una tristeza elevada sino profunda, y que la tristeza se describe como depresión, entonces se acabará buscando la profundidad más bien en lo serio que en lo *alegre*. Seguramente es cierto que sólo una naturaleza profunda es capaz de expresar algo verdaderamente alegre. Aquí se incluye el movimiento de la *Novena* dedicado «a la alegría», y no sólo el de la *Primera*, que se basa en la profundidad.

[XLIII] Es sabido que una mano puede agarrar algo mejor que un pie; que un taladro hace un agujero profundo más rápido que un martillo; que, en dos palabras, las cualidades innatas, dadas o predeterminadas convierten a un hombre o un objeto en apropiados para algo determinado; mientras que, por el contrario, su ausencia los convierten en inapropiados. Igual que un compositor (o alguien predispuesto a componer), ansioso por expresarse, que también posee los medios, es decir, Wagner, que tenía algo nuevo que decir y también (lo) podía decir. Esto no es rutina, sino esa seguridad casi animal que sabe que cada órgano del cuerpo está en su sitio. Wagner podía: ¡pero era incapaz de hacer *nada mecánico*! No tenía la capacidad de lo mecánico, esto es, de repetirse a sí mismo conscientemente. Se repetía a sí mismo inconscientemente, lo cual es un defecto. Pero un defecto del que *ningún mortal* se ha librado hasta el momento. Por lo menos se repetía a sí mismo y no a ningún otro: y a menudo también se superaba a sí mismo en el proceso, ¡es decir, a los demás!

XLIV Busoni sobrevalora la novedad de un sonido producido únicamente mediante herramientas de sonido. Al fin y al cabo un acorde de do mayor en la mezcla más heterogénea suena aún bastante parecido a un acorde tocado por los instrumentos de cuerda en la misma mezcla.

Las diferencias fundamentales en el sonido surgen menos por la forma de colocación que por la forma de composición. Influyen mucho más el modo, cantidad, carácter y la relación, ritmo, acentos y otros componentes dinámicos de las voces *compuestas* que intervienen.

XLV ¡Pero ese soy yo y no él! ¡Estas palabras también son mías!

XLVI La naturaleza alcanza más facilmente aquello para lo que aquí son necesarias varias etapas: emplea un único artista, a uno solo, que sabe hacerlo desde el principio; ¡que ha nacido con ello!

XLVII O puede que no: ya que los hombres no van a ser mejores porque la música sea mejor. ¡El que ahora escribe *Kitsch* no va a ser capaz de escribir otra cosa!

XLVIII a) «Decadencia» viene del francés. ¡No es necesario mejorar nuestra lengua con la forma de expresión de otra!

b) La decadencia es un término histórico. Un biólogo

lo vería de otra manera: la degeneración aparece cuando quiere surgir algo nuevo. Entonces lo nuevo vence a lo antiguo a la manera antigua, pero al hacerlo en parte vence ya a lo nuevo.

XLIX Porque surge algo nuevo, más elevado.

L Entre los instrumentos de cuerda y de viento habrá alguno que lo consiga. También debe haber cantantes capaces de conseguirlo.

LI Eso es en parte un engaño y en parte verdad. Si transpongo más alta una pieza, tomará un carácter diferente del que tendría en la parte profunda. Naturalmente, estas diferencias no siempre son fáciles de apreciar, de manera que *a veces* no se pueden e incluso no se deben percibir. Pero basta con examinar un caso extremo para dar cuenta de una transposición auténtica e indiscutible. Si se piensa, por ejemplo en el motivo del caminante

dos octavas más alto, cualquiera percibiría el cambio de carácter. En esto no se ha tenido en cuenta en absoluto que al motivo del caminante le corresponde su sonido, como a cualquier idea, y no podría ser tocado por trombones profundos ni tampoco por altos. Lo cierto es que las proporciones permanecen inmutables. Pero «en arte 2x2 no son siempre 4, ni 16:2 es *igual* a 8», como me respondió una vez Kandinsky muy acertadamente cuando le pregunté por qué necesitaba un formato tan grande para sus cuadros, si no podría dividir su tamaño por 2, 4 ó 8, porque todas las proporciones de los colores, formas y movimientos, etc., seguirían siendo las mismas. Y tiene razón. ¡De otro modo lo que habría que preguntarse en realidad es para qué existen los cuadros pequeños y grandes! ¡Hay que pensar en todas las consecuencias!

Pero nuestras 12 transposiciones son naturalmente, en cierto modo, 12 tonalidades extrañas en caso que sean tratadas como tales. Seguramente no tiene porqué ser así, como he mostrado en mi *Tratado de armonía*. Pero tratarlas consecuentemente puede significar una ventaja artística.

Una comparación: yo podría muy bien pintar una acuarela con algunas partes muy marcadas con óleo (blanco-témpera es lo que hoy se usa) para dar lugar con ello a un efecto preconcebido, que no se podría alcanzar sin estos medios. ¡Pero si tengo una idea clara sólo con acuarela no tengo por qué hacerlo!

O bien: depende de cómo se trate una cosa; si el tratamiento es consecuente en sí entonces puede estar justificado. Puedo considerar a mi hermano como amigo y confidente nato y tratarlo así. Pero también puedo decir: a mis amigos los elijo yo según mi naturaleza; este pariente está próximo a mí sólo por la casualidad del nacimiento; yo no lo he escogido, no es ni mi amigo ni mi confidente.

Si defino fronteras entre las 12 tonalidades, las preservo y considero que sobrepasarlas es algo grave, entonces estoy en condiciones de alcanzar un efecto artístico a partir de ese postulado. Si difumino estas fronteras, entonces aparece otro postulado; el efecto puede tener el mismo valor. Sólo ha cambiado la técnica.

Es posible; pero sólo debe hacerse cuando una *idea* obliga a ello.

[LII] ¿Se consideren? incorrecto: ¡se empleen!

[LIII] *Les extrèmes se touchent,* cuando están *correctamente colocados.*

[LIV] Naturalmente no es *sólo un engaño* [considerar como contrarios los modos mayor y menor], ¡y en el caso de serlo está muy *conseguido*! Ya que existe una *diferencia,* ésta da lugar por *sí misma* o fácilmente a una *diferencia de carácter.*

¿Pero cómo quería Busoni extraer *diferencias de carácter* de sus 113 tonalidades, cuando no se pueden extraer ni siquiera de dos de ellas, lo cual naturalmente debería ser más fácil; y es que ¡dos pueden ser más fáciles de distinguir entre sí que, por ejemplo, cada una de las 113!

[LV] Las 113 de Busoni no están a mejor nivel que las 7 de los antiguos. Al contrario: ¡las 7 provienen de un error original del espíritu! Pero las 113 provienen del árido camino de la combinación. Para las 7 tonalidades aún puede bastar la memoria. Para 113 fallaría (me gustaría mucho saber si Busoni podría enumerar sus 113 tonalidades). Si hay que retener las 113 habría que abstraer, formular y captar sus peculiaridades en forma de reglas. Aunque (pero entonces lo característico sería sólo la mitad) bastasen sólo la mitad de reglas, como en una tonalidad eclesiástica, todavía tendríamos ocho veces más reglas que en el año 1600. Asumiendo que los músicos irían aprendiendo esas reglas con el tiempo, y consiguieran emplearlas con seguridad ¿qué diría sobre eso la niña divina que flota libremente? ¿cómo se comportaría frente a esa libertad si, por ejemplo, debiera esforzarse en preservar la peculiaridad de una tonalidad re bemol-mi bemol- fa bemol-sol bemol-la si? Yo, naturalmente, sólo puedo hacerlo con los medios que conozco. Yo no he inventado esa tonalidad y Busoni, que es el responsable de ella, no explica como podría usarse; además está claro que yo no soy un legislador, sino apenas un cumplidor de las leyes. Pero si acepto que para Busoni no fue suficiente con tocar una escala así tono a tono, uno detrás de otro, en algún acorde (como él mismo menciona), entonces pienso que la primera tarea del compositor consistiría en obligar al oyente a que oyese esa serie como construida sobre do, en definitiva, obligarlo a que oiga do como nota fundamental. Me imagino que melódicamente podría salir bien, si se empieza y se termina con do muy a menudo, en una palabra, se deja que el do se desvanezca por medio de la «puntuación», por ejemplo, *Cf. con las notas más abajo.*

Pero con esto sólo sé que do es la nota fundamental. Dado que, con 113 tonalidades (en las cuales), todas las relaciones son distintas cada vez, ahora tendría que cuidarme de formular también cuidadosamente y justo con los mismos medios el hecho de que las otras notas son, en efecto, vivaces, re bemol-mi bemol- fa bemol-sol bemol-la si.

Porque, si no, sólo obtendría alguna característica confusamente *exótica*, pero no artística. Y, si la quisiera y tuviese que partir de la *tonalidad elegida por uno mismo* (si no, no la hubiera escogido), entonces no puedo proceder de ninguna otra manera. Tengo que proceder: y ¡el que procede en el arte se pierde!

Cf. ejemplo de notas más abajo

Y que Busoni considere este solo de flauta de mis melodramas del *Pierrot Lunaire*. Si esta melodía es bonita o buena no es tema de *discusión*; yo no afirmo aquí que lo sea, sino sólo que lo pienso. ¡Pero se corresponde más con la libertad divina de la niña que flota que lo que pudiera originarse a partir de la prisión de sus series tonales! Aquí no hay otro procedimiento que no sea la inspiración (si alguien encontrase alguno, doy mi palabra de lo contrario); no he tenido que formular una nota fundamental ni ninguna otra nota; he podido usar cada uno de los 12 tonos, no me he tenido que forzar en la cama de Procrustes de un fraseado temático, no he necesitado tener en cuenta ningún final, ni segmento ni comienzos ni finales de frase.

Como he dicho, esta melodía puede *desagradar a muchos*, pero *todo el mundo admitirá* que es «más libre» que una compuesta en una de las 113 tonalidades. Pero a lo mejor es esa, precisamente esa ventaja de la libertad, la que molesta a Busoni cuando dice: «Aunque no creo que exista aún una idea *consciente y estructurada* de este elevado medio de expresión.» Pero parece que a la libertad a la que él se refiere le faltan los legisladores (para ser consciente y estructurar las ideas), a los que quizás se refiere pero no ama.

El texto a continuación, que estaba en una hoja suelta, debe referirse, por su sentido, a las pp. 64-66.

¡Busoni sobrevalora, pero Pfitzner indudablemente minusvalora el valor del *material*! A qué buen artesano no alegraría un bonito material y qué buen músico no es también con orgullo un buen artesano. Un bonito trozo de madera alegra al carpintero y al constructor de violines, al zapatero la piel, al pintor los colores, los pinceles y el lienzo, al escultor el mármol. Todos ellos intuyen la obra futura ante ellos. Todos saben que para eso todavía hace falta algo: primero tiene que ser creada. Pero ven ya su futuro en el material: el espíritu se despierta y da igual quién lo despierte, una vez que está ahí, ¡hay que gritar Aleluya!

Eleonore Vondenhoff facilitó la transcripción de las notas manuscritas de Schönberg.

Hans-Heinz Stuckenschmidt
Epílogo a la edición alemana de 1974

El *Esbozo de una nueva estética de la música* es un fragmento de auténtica utopía. No tiene igual en la brevedad con la que esboza la visión de una música más perfecta. No se puede construir ningún sistema usándolo como base, ni se pueden desarrollar métodos de aprendizaje a partir de él. Y, a pesar de eso, a través de él se pudo prever el devenir de la música en el siglo XX, en el que influyó en muchos aspectos.

Ferruccio Busoni escribió las notas, críticas y confesiones (variables dependiendo de su humor) de las que se compone el librito cuando tenía 40 años, en mitad de una vida muy activa que se expresaba de los más variados modos: como pianista de fama mundial, como compositor controvertido, director de ciclos de conciertos de música moderna y profesor. Por entonces (1906) vivía en Berlín, donde existía un clima intelectual que a él, un europeo de la Toscana, le agradaba. Allí encontró la fe en un alentador futuro abierto además de la ausencia del peso de la tradición, que lo reafirmaba en su impulso rebelde.

Como todas las utopías, el esbozo de Busoni es resultado del tedio por lo que le venía dado. Pero nadie más que él habría podido formular esa llamada a un nuevo orden de modo más claro, excelente y poético. A través de estas páginas resuena un sonido muy fresco y nuevo, un silbido de floretes o una corriente sutil de aire de las alturas, como en las obras tardías de Friedrich Nietzsche. ¿Pero qué es lo especial, lo fascinante de este muy audaz y muy profano tratado? Dos cosas. En primer lugar se trata de un músico que observa la música desde fuera, sin dejarse intimidar por las convenciones y la rígida tradición. Y en segundo lugar el librito está lleno de un nuevo optimismo que ya no tiene nada en común con la superficialidad positivista de la verborrea adoradora del progreso.

El horizonte intelectual de Busoni es extraordinariamente amplio. En las 40 páginas de este escrito dedicado a Rilke se encuentran pensamientos de Hugo von Hofmannsthal, Nietzsche, Leo Tolstoi y Edgar Allan Poe junto con lo de sus verdaderos dioses: E.T.A. Hoffmann y Goethe. Por el contrario, pasan a un segundo plano las cosas visibles, los fenómenos de las artes plásticas, y sólo se menciona marginalmente a Giotto y Miguel Ángel. Más amplio es el círculo de los músicos, a los que Busoni percibe de manera muy personal: Beethoven y Bach, Mozart y Wagner, Berlioz, d'Indy, Offenbach, Schumann, Schubert y Liszt. Su escepticismo va dirigido a los escribas de la música, llámense estos Cherubini o Werkmeister.

La fuerza de la inquietud que emanaba de Busoni era creadora. Esta fuerza sigue viviendo en el *Esbozo*, en la permanente despreocupación con la que se tratan los nuevos problemas sólo de pasada: problemas de la creación y posteriores a la creación, de la técnica y de la estética, del sistema tonal y de la producción del sonido. El carácter inacabado de este intento se ha criticado con frecuencia, incluso en el esotérico círculo de amigos en torno a Busoni. ¿Cómo pudieron no darse cuenta de que no se trataba de un trabajo de investigación, sino de una obra de arte de la lengua, de un manifiesto con el ímpetu de un himno, lleno de agudeza, ironía y placentera polémica, ¡pero también lleno de visiones románticas! Curiosamente, el *Esbozo* estimuló precisamente a Hans Pfitzner, que congeniaba en muchos aspectos con Busoni, para escribir un contrapanfleto horriblemente nacionalista: *El peligro Futurista*.

Busoni no era un tipo que se dedicase a escribir historia. No tenía buena opinión de las «tradiciones sagradas», y no quería presentar una paradoja cuando escribió que la música como arte «tenía apenas 400 años». Desde la perspectiva histórica moderna, lo que comienza a principios del siglo XVI es ya lo que se denomina «tercer periodo» de la edad moderna de la música.

La música programática le parece tan sospechosa como la música absoluta- De esta última opina que no es lo suficientemente absoluta, ya que le parece depender demasiado del esquema formal. El autor es un claro representante de la estética autónoma, una perspectiva que afirma que la música tiene su propia vida, la cual le concede leyes propias; pero también aquí se opone a sistematizaciones como la «repetición de esquemas de sonido» de Hanslick. Por supuesto no debe tomarse demasiado literalmente su definición del sentimiento musical, algo compleja y enunciada con el espíritu del modernismo filosófico. Ahí los pensamientos del *Esbozo* toman un vuelo que alcanza el irracionalismo de la lírica.

Los pensamientos de Busoni se tornan muy concretos donde tratan cuestiones relativas a la ejecución de la música. Polemiza con los «legisladores» y su fidelidad a la letra, y dice, aunque sea sólo de pasada, verdades que todo artista en activo debería tomar en consideración.

Cuando Busoni murió en Berlín el 27 de julio de 1924, su teoría personal ya había dado sus frutos. Philipp Jarnach, Wladimir Vogel, Kurt Weill y otros siguieron el ejemplo del gran creador, que dejó una herencia ineludible con su partitura inacabada de *Doctor Fausto*. Desde entonces, en el horizonte de la música mundial comenzó a atisbarse la medida en la que se había adelantado a su tiempo. Busoni habla en estas páginas de las cien cadenas con las que los instrumentos atan al compositor. Él anhela la libertad del sonido abstracto, de la técnica sin obstáculos, de la inmensidad tonal.

A continuación hace propuestas. Da lugar a nuevas tonalidades al integrar todas las posibilidades cromáticas de los doce tonos en un sistema de escalas de siete notas. Al «agitar doce semitonos en un caleidoscopio» anticipa una ley parcial de la música dodecafónica de Arnold Schönberg y Josef Matthias Hauer. Esboza un sistema de sextos de tono como el Alois Hába que desarrolló en la teoría y en la práctica 20 años más tarde, y después enseñó a un círculo internacional de discípulos en el Conservatorio Estatal de Praga.

La afirmación más audaz se encuentra poco antes del final de *Esbozo*. Busoni está fascinado con el relato de un nuevo instrumento musical llamado dinamófono. El inventor, un americano de nombre Cahill, emplea la electricidad para producir tonos sintéticos. Busoni encuentra realizada su utopía en este sonido «científicamente perfecto».

Con la visión del sonido eléctrico producido por una máquina se llega al final del libro. Igual que hizo Wagner, hipnotizado por Schopenhauer, Busoni dirige su mirada hacia un nirvana moderno a través de Nietsche y de una cita del libro de H. Kern *El Budismo y su historia en India*

El sueño de la máquina se ha hecho realidad. Ya hace tiempo que la técnica se ha impuesto en nuestra vida como el más importante medio de transmisión del sonido. Los discos, la radio, el cine sonoro y la televisión, que en 1906 todavía no habían sido descubiertos o bien se encontraban en un primitivo estado inicial, son responsables de una nueva civilización musical que ha convertido a millones de personas en beneficiarios de una manifestación artística antes exclusiva. El «sonido científicamente perfecto», deseable o no, es hoy una realidad. Se extiende por los dominios de la creación.

Los compositores ya encontraron estímulos para su fantasía creadora en la producción electrónica de sonido. E igual que la cibernética en las máquinas y las calculadoras electrónicas son señales inquietantes de una vida inconcebible para nuestros sentidos, en esa música homúncula de las corrientes eléctricas quizás habite un arte nuevo que nosotros apenas controlamos todavía. Lo presintió la utopía de Busoni.

Arnold Schönberg tenía la primera edición de este librito, que apareció en Trieste en 1907 con la dedicatoria escrita a mano: «Al compositor Arnold Schönberg ****** F: Busoni». En su tratado sobre la armonía, escrito en 1910-1911, Schönberg polemiza con las 113 tonalidades en escalas de siete del que, por lo demás, consideraba un «valiente y distinguido» artista que apreciaba y admiraba en gran medida. En 1910 la editorial Insel Verlag adquirió el *Esbozo*, que Busoni amplió con numerosas notas al pie. Schönberg poseía un ejemplar de la edición de 1916, en el que escribió las anotaciones al margen que se publican aquí por primera vez. No tienen fecha, pero no pueden ser anteriores a 1917 ya que escribe cerca del final, al hilo del comentario de Busoni de la página 58 sobre ese «material nuevo»: «¡Busoni lo sobreestima, pero Pfitzner indudablemente subestima el valor del material!». A principios de 1917 había aparecido el polémico escrito de Pfitzner *El peligro futurista*, con subtítulo «A propósito de la Estética de Busoni» en la editorial de los Cuadernos Mensuales del Sur de Alemania. En las páginas 15 y 16 de este panfleto se encuentran las frases en las que se manifiesta el dominio del artista sobre el material. Schönberg tenía el escrito de Pfitzner, al que también hizo anotaciones al margen, y además empezó a escribir un artículo en su contra llamado *Falsa alarma*, que dejó inacabado ya que «el folleto le parecía cada vez más malo». La anotación al margen de la página 47 (la que se refiere a la transposición) contiene un pasaje sobre Wassily Kandinsky. Schönberg recuerda allí un intercambio de cartas con el pintor ruso que no cita con exactitud. Kandinsky le escribió el 13 de enero de 1912: «matemáticamente 4:2=8:4, pero artísticamente no. Matemáticamente 1+1=2, artísticamente puede ser también 1-1=2». (La carta se reproduce en el libro de Josef Rufer de 1959 *La obra de Arnold Schönberg*, aparecido en Kassel, p. 180).

En la larga nota al margen de la página 51, Schönberg compara las 113 escalas tonales de Busoni con las «7 de los antiguos». Con esta fórmula, que no define más claramente y que también aparece en su tratado de armonía, se refiere a las tonalidades eclesiásticas, de las que dice que surgieron por un «error original del espíritu».

El solo de flauta citado de sus melodramas *Pierrot Lunaire* acompaña a la séptima pieza del ciclo, *La luna enferma*, y se repite en la treceava, *Decapitación*. Es característico de la visión artística de Schönberg el que también aquí contrapone la «ocurrencia» al «procedimiento».

En conjunto, estas notas marginales de Schönberg muestran una imagen muy rica y detallada de su propia estética. Y el diálogo que establecen aquí dos grandes músicos, independientemente el uno del otro, reproduce el espíritu de la época en que surgió de manera enormemente ilustrativa. Su publicación tiene un valor que no se restringe a lo histórico en este año de 1974, en el que está próximo el 50 aniversario de la muerte de Busoni y el centenario del nacimiento de Schönberg.

H. H. Stuckenschmidt

www.ingramcontent.com/pod-product-compliance
Lightning Source LLC
Chambersburg PA
CBHW020944090426
42736CB00010B/1260